国家与文化营销论丛

U0674549

双重国家形象
及其整合营销传播研究

刘丽英 ◉ 著

Research on Dual Country
Images and Their Integrated
Marketing Communications

东北财经大学出版社
Dongbei University of Finance & Economics Press | 大连

图书在版编目（CIP）数据

双重国家形象及其整合营销传播研究 / 刘丽英著. —大连：东北财经大学出版社，2017.2
（国家与文化营销论丛）
ISBN 978-7-5654-2548-6

Ⅰ．双… Ⅱ．刘… Ⅲ．①国家-形象-传播学-研究 ②市场营销学-研究
Ⅳ．①D5 ②G206 ③F713.50

中国版本图书馆CIP数据核字（2017）第029886号

东北财经大学出版社出版发行

大连市黑石礁尖山街217号　邮政编码　116025
网　　　址：http：//www.dufep.cn
读者信箱：dufep @ dufe.edu.cn
大连永盛印业有限公司印刷

幅面尺寸：170mm×240mm　字数：190千字　印张：13.5　插页：1
2017年2月第1版　　　　　2017年2月第1次印刷
责任编辑：李　彬　宋雪凌　　责任校对：思　齐
封面设计：冀贵收　　　　　版式设计：钟福建
定价：32.00元

序①

在管理和营销领域，国家和文化营销相对于企业产品的营销，是宏观和高端层面的营销。美国营销学家菲利普·科特勒说，"国家可以像企业那样进行营销"，社会也有"初级营销卖产品，高级营销卖文化"的说法。在全球化进程加快和市场竞争激烈的背景下，国家间的政治文化社会交往日益频繁，竞争和合作也更加广泛深入，客观上要求超越传统和微观的企业营销和有形产品营销，开展更为宏观高端的营销研究，来为有关方面提供理论支持和实践指导。而目前在管理和营销领域，这方面的研究著述又比较匮乏。本论丛正是在这一客观要求和现实背景下推出的一套学术性新书。

《国家与文化营销论丛》是一套关于国家形象和文化嵌入的营销专业系列专著，也是国家自然科学基金项目主持人李怀斌和其博士生团队历时五年研究成果的集成。该论丛作为学界理论研究和业界实践应用的参考书，可供国家宣传主管部门和媒体决策参考，也可供国内外高校师生和科研院所人员研究使用，还可为广大企业经营管理人员学习借鉴。

该论丛由东北财经大学市场营销专业博士生导师李怀斌教授任总主

---

① 该论丛系列专著由国家自然科学基金项目（批准号 71172121）资助出版。

编，李怀斌和其研究团队的博士分别撰写，论丛包括多部独立专著，《双重国家形象及其整合营销传播研究》是其中之一。该专著作者从营销学视角出发，以韩国为案例国家，将态度研究领域的新进展——双重态度模型理论——应用于国家形象研究，运用实证方法论证国家形象的二重性，其中具有无意识和自动化特点的内隐国家形象和外显国家形象存在分离，并且更加不容易发生改变。在此前提下，以目标公众信息接触来源和接触媒介两个营销传播维度，分别针对外显国家形象和内隐国家形象进行实证研究，进一步探索外显国家形象和内隐国家形象的营销传播机理，并结合研究结论提出对中国形象整合营销传播的相关启示。

该专著研究的学术价值和实用意义一是从营销学视角，以态度理论为基础，围绕目标公众接触，从信息来源和信息媒介两个维度进行国家形象传播机理的实证研究。二是基于双重态度模型，运用实证方法论证国家形象具有内隐国家形象和外显国家形象二重性，其中内隐国家形象具有无意识、自动化和相对稳定的特点。三是在国家形象二重性的论证前提下，提出并论证了影响外显和内隐国家形象的具体信息接触来源和媒介因素存在的差异和独特性，为在二重性框架下的国家形象整合营销传播实践提供了有价值的启示和借鉴。

"国家与文化营销论丛"总主编

2016 年 10 月

前言

　　作为国家软实力的组成部分，国家形象关乎一国的国际地位和国际影响力，是其参与国际交往、谋求国家健康持续发展的重要影响因素。积极的国家形象是一个国家极为重要的"无形资产"，虽然看不见摸不着，却拥有与军事、经济等硬实力相似的巨大威力，不仅可以帮助该国增强其国际影响力、赢得国际社会的尊重，而且有利于争取国际舆论的同情和支持乃至实现外部公众的心理认同。

　　随着我国经济持续快速发展，中国的综合实力日益彰显，国际地位举足轻重，但是中国参与国际交往的形象却一直存在争议，中国形象的话语权长期为西方世界所掌控。进入新世纪，伴随着中国在世界政治、经济、军事等领域的影响与日俱增，我国政府已经越来越意识到国家形象的重要性，积极主动传播、建构中国形象的各种活动日益增加，并逐渐向多元化发展。这固然是中国形象建构与传播的重大突破和转折，但也带来全新的挑战，无论是传播理念还是具体的传播活动都还存在很大的提升和改进空间。

　　国家形象的形成是一系列信息输入和输出产生的结果，也是一个涉及各种信息来源的复杂的传播过程。目前，国内关于国家形象的传播研究主要集中在传播学领域，并积累了较为丰富而有价值的研究成果。但是学者们对国家形象的信息传播往往侧重于理论推演和策略分析，抑或着眼于个别的、典型的信息传播途径，如大众传媒，以一个系统、整合的视角，全面分析目标公众国家形象形成过程中的信息接触的相关文献还非常少。在国外，国家形象作为国家营销的一个重要方面早就受到重视。20 世纪 60 年代，有关原产国效应（country-of-origin effects）研究就证实，国家形象直接影响消费者行为及企业市场营销绩效。2003年，菲利普·科特勒的著作《国家营销》问世，提出"国家可以像企业那样来经营，可以运用战略营销管理的理论指导国家创造经济财富"。

态度是社会心理学的核心概念，在管理和营销领域有着广泛的应用。本书从营销学视角出发，以韩国为案例国家，尝试将态度研究领域的新进展——双重态度模型理论应用于国家形象研究，运用实证方法论证国家形象的二重性，其中具有无意识和自动化特点的内隐国家形象和外显国家形象存在分离，并且更加不容易发生改变。在此前提下，以目标公众信息接触来源和接触媒介为两个营销传播维度，分别针对外显国家形象和内隐国家形象进行实证研究，进一步探索外显国家形象和内隐国家形象的营销传播机理，并结合研究结论提出对中国形象整合营销传播的相关启示。

本书从双重态度视角展开的国家形象整合营销传播研究主要包括以下几个方面的内容。

首先，对国家形象、双重态度模型理论和整合营销传播的国内外相关理论研究进行系统梳理，通过国家形象营销传播领域研究现状、趋势和不足的把握为后续的理论分析和实证研究提供理论依据。

其次，进入国家形象二重性的实证研究。这一部分依据双重态度模型理论提出研究假设，然后对外显国家形象和内隐国家形象的测量以及二者的分离实证研究进行设计，进而对外显自陈量表和单类内隐联想测验（SC-IAT）实验数据进行整理和统计分析，得出国家形象具有二重性的研究结论。

再次，在国家形象二重性框架下，从整合营销传播消费者导向的核心理念出发，构建目标公众国家形象感知的概念模型，探索目标公众如何基于不同国家形象接触点的经验和知识感知形成他国形象的过程，接下来针对目标公众国家形象感知过程中的具体信息接触来源和信息接触媒介进行分析，并提出国家形象二重性下整合营销传播机理研究的相关假设。

然后，采用多元回归分析的方法分别对信息接触来源和信息接触媒介对外显国家形象和内隐国家形象的影响进行假设检验。研究发现，各种信息接触来源或信息接触媒介对外显国家形象（即目标公众对特定国家有足够时间或意识所报告的最近的态度）的影响更加显著和明晰，能够检验分离出的内隐形象显著影响因素相对较少，或者说更多的信息接触来源于媒介对内隐态度的影响，在其累积、覆盖的过程中已经很难直接测量和把握。

最后，对前述理论分析和实证研究进行简要总结，并根据研究结论提出国家形象整合营销传播的几点启示，然后分析本研究可能的创新之处和存在的不足，为后续研究指明方向。

本书选取与我国一衣带水的韩国作为研究对象，采用定性与定量相结合的研究方法，运用单类内隐联想测验、问卷调查、回归分析对研究假设进行检验。研究的创新之处主要表现在以下几个方面：

第一，营销学视角的国家形象传播研究。在全球化背景下，作为软实力重要组成部分的国家形象也构成国际博弈的战略领域，国家形象在国际政治中扮演了重要角色而引起国际社会的高度重视。在这一现实背景下，当前我国国家形象传播的相关研究主要从新闻传播学视角展开，国内外营销学视角的国家形象研究则较多关注原产国形象对消费者行为的影响，从营销学视角进行的国家形象传播研究还非常有限。本书以态度理论为基础，围绕目标公众接触，从信息来源和信息媒介两个维度进行国家形象传播机理的实证研究，既拓展了国家形象传播的营销学视角，同时实证研究结论和 IMC 系统整合、强调互动等观点也为国家形象传播实践确立了扎实充分的理论依据。

第二，基于双重态度模型论证国家形象具有二重性。以往国内外基于态度理论的国家形象研究倾向于从认知形象和情感形象两个方面进行定义和测量，关注信息加工的外显结果。本书运用外显自陈量表与单类内隐联想测验相结合的实证方法论证目标公众的国家形象感知同样存在内隐国家形象和外显国家形象相分离，具有无意识和自动化特点的内隐国家形象更加不容易发生改变。该结论为理解国家形象传播的误区、构建国家形象跨文化传播的有效路径指明了理论方向，同时也是二重态度模型在国家形象研究领域的有价值尝试。

第三，探索二重性框架下的国家形象整合营销传播机理。在国家形象二重性的论证前提下，本书基于整合营销传播的视角，着重从目标公众的信息接触来源和信息接触媒介两个维度，建立国家形象形成的概念模型，并以此作为国家形象二重性下整合营销传播机理实证研究的理论框架，分别针对外显国家形象和内隐国家形象进行回归分析，发现影响外显和内隐国家形象的具体的信息接触来源和媒介因素存在差异，有其各自的独特性，进一步揭示国家形象二重性的内在机理。

刘丽英

2016 年 12 月

▌目录

1　绪论

1.1　研究背景和研究意义

1.1.1　研究背景

国家形象是国家的无形资产和国家软实力的组成部分，关乎一国的国际地位和国际影响力，是其参与国际交往、谋求国家健康持续发展的重要影响因素。

文献阅读和梳理发现，在国家形象重要性的共识下，国内外国家形象研究的侧重呈现比较大的差异。在国外，国家形象作为国家营销的一个重要方面早就受到重视。20 世纪 60 年代，有关原产国效应（country-of-origin effects）研究就证实，国家形象直接影响消费者行为及企业市场营销绩效。一个消费者选择某国产品，可能仅仅因为该产品来自某国（Kotler & Gertner，2002）。20 世纪 90 年代，系统的研究成果出现，1990 年，迈克尔·波特出版了《国家竞争优势》，认为"城市、国家和区域集团在竞争力提升中的角色与作用"是战略管理的一个重点研究方向和主题；2003 年，菲利普·科特勒的著作《国家营销》

问世，提出"国家可以像企业那样来经营，可以运用战略营销管理的理论指导国家创造经济财富"。2006 年，"地点，包括城市、州、地区和国家"被纳入他的新版教科书《营销管理》中，成为和产品、服务并列的现代营销内容之一。国家形象研究在国外虽不属于热门领域，但是从 20 世纪 60 年代原产国效应提出到现在，也积累了相当可观的学术资源，其中四成左右来自商学（王海洲，2013）。而且在近期的原产国形象研究中，学者们更倾向于剥离国家形象的特定的产品联系，而将国家整体形象作为一个更宏观的背景进行原产国效应研究，也有一些学者改变原产国效应研究中从国家形象到产品形象或消费者行为的固有思路，转而探索这一关系中的另外一个方向，即公司或产品形象对原产国形象的影响。

反观国内，国家形象的研究则与我国宏观发展背景紧密相连。随着我国经济持续快速发展，中国综合实力日益彰显，国际地位举足轻重，但是中国参与国际交往的形象却一直存在争议，中国形象的话语权长期为西方世界所掌控。"中国处于话语弱势的境地，不时成为全球媒体批评的对象。她常常无法据理力辩。"

因此，应对西方媒体对中国国家形象的歪曲，构建良好的国家形象和提升中国软实力，成为国家形象研究快速增长的根本动因。2007 年以来，一系列与国家形象有关的国内国际重大事件[①]，更是吸引了众多学者对国家形象的关注，国家形象成为多学科共同关注的研究热点，相关研究成果剧增。

但是，目前国内关于国家形象的研究主要集中在新闻传播学和政治学两个领域，包括营销学科在内的其他学科领域的研究只是偶有涉及，并没有呈现与国家形象总体研究相似的快速发展的态势。例如，营销视角的国家形象研究大都集中在国家形象对消费者行为的影响和品牌营销理论应用于国家层面的理论拓展等方面，无论发文数量还是研究的角度都非常有限，较为全面、系统和深入的研究还没有展开。2005 年以来，共有 17 个研究国家形象问题的国家社科基金项目得到立项，新闻

---

① 2007 年，中国共产党把"文化软实力"写进十七大大会报告；2008 年，北京举办奥运会；2009 年，国家公关战略启动，中国开始主动地展示自己的"软实力"，争夺国际话语权。

学与传播学科达到 14 项（王海洲，2013），是绝对的主力，这一数据一方面印证了上述研究学科分布集中的观点，从另外一个角度也说明当前我国国家形象实践中亟待解决的重点问题之一，即国家形象传播。

国家形象传播研究一直是国家形象研究的一个重要方面。从传播学的角度来看，国家形象是一个由传播主体、信息传播过程和目标受众构成的互动系统（董小英等，2008）。刘丽英（2014）通过对中文社会科学引文索引（CSSCI）数据库 2001—2011 年十一年间关于国家形象研究文献进行内容分析，发现在 143 篇国家形象建构研究的文献中，仅以传播为单一主题进行的研究就有 47 篇之多。相关研究从传播主体、信息传播过程和目标受众三个方面展开，取得了较为丰富而有价值的成果，但是也囿于单一的学科视角而具有一定的局限性。比如，国家形象传播机制的研究着重探讨大众传播过程中议程设置、刻板印象对目标受众的影响，缺少对其他传播媒介机理的分析，而且新闻传播学领域的研究方法基本采用人文主义的思辨研究，而实证研究，尤其是量化实证研究较少，国家形象传播机理的实证研究尤为罕见。在如此理论研究背景下，国家形象传播实践可能出现知其然（具体实施策略）而不知其所以然（为何实施相关策略），或者因缺乏理论依据和实证支持而对具体传播策略适用与否无从判断的尴尬局面。

韩国与中国一衣带水，经济关系紧密，文化交流频繁。2014 年，中韩双边贸易额为 2 354 亿美元，中国已成为韩国最大贸易伙伴及第一出口目的地和进口来源地，2015 年 6 月中韩自贸区协定签署。2014 年赴韩中国游客达到 571 万人次，已经成为韩国入境外国游客中的最大群体，追捧韩国文化、韩流明星、韩国产品的民众为数众多。韩国国家形象从冷战时期弱小、危险、模糊到今天的全面蓬勃发展，离不开韩国政府 30 余年的推广和努力（王晓玲，2010）。1988 年韩国政府抓住举办奥运会的契机，大幅度改善国家形象，2002 年朝日世界杯将"Dynamic Korea"（动感韩国）的形象展现在世人面前，起源于 20 世纪 90 年代末期的"韩流"①风潮更是在韩国文化传播的同时，将一个

---

① "韩流"是由中国媒体提出的概念，用以描绘 20 世纪 90 年代后期韩国电视剧在中国的流行，但是自 2009 年以来，韩国流行音乐的流行已经吸引众多亚洲年轻人，标志着"韩流"进入第二阶段（Sung，2012）。

现代、时尚、富足的韩国形象吹向亚洲乃至世界。进入 21 世纪，有学者对"韩流"与韩国形象构建的关系以及由此形成的韩国形象对消费者行为的影响进行研究（Sung，2010；Kim et al.，2007；Kim et al.，2010；Sung，2012；刘力，2013；Lee et al.，2014），研究结论引人深思。然而，相对于国内主流媒体较为积极和正面的韩国国家形象（苗红果，2013），我国民间层次的涉韩舆论，如互联网社区中的韩国形象，由于中韩之间的历史、文化分歧则呈现更多的负面情绪（文春英，2012）。

本书从营销学视角出发，以韩国为案例国家，尝试将态度研究领域的新进展——双重态度模型理论应用于国家形象研究，运用实证方法论证国家形象的二重性，其中具有无意识和自动化特点的内隐国家形象和外显国家形象存在分离，并且更加不容易发生改变。在此前提下，以信息传播的来源和传播媒介两个营销传播维度，分别针对外显国家形象和内隐国家形象进行实证研究，进一步探索外显国家形象和内隐国家形象的营销传播机理，并结合研究结论提出中国国家形象整合营销传播的相关启示。

1.1.2　研究意义

1.1.2.1　研究的理论意义

（1）研究有助于进一步丰富国家形象传播研究的理论视角

如同产品的品牌名称，国家形象也承载了大量事实和情感的信息，反映人们所持有的关于某一国家的信念、观念与印象。Kotler（2002）认为，现有经济秩序已经将一个国家的经济发展转变为一项市场挑战，参与竞争的国家有太多理由实施和管理国家品牌化，比如增加对旅游者和投资者的吸引力、促进本国产品出口。已有营销视角的国家形象研究大都集中于原产国效应领域，着重围绕国家形象对消费者行为的影响展开，较少涉及国家形象传播研究。本书运用品牌形象整合营销传播理论，融合心理学、社会学、新闻传播学等多学科领域相关知识，探索面向国际目标公众的国家形象传播内在机理，具有丰富国家形象传播研究视角的重要理论意义。

（2）研究反映国家形象研究理论基础的前沿方向

在营销学领域，国家形象的研究主要集中在国家形象对消费者行为的影响、品牌营销理论应用于国家层面的探索等方面，关注国家及其产品的形象，如李东进等认为国家形象是"消费者对某国及某国产品的整体知觉"。Roth 和 Diamantopoulos（2009）将这类国家形象界定称为产品–国家形象（PCI）。而一个更具整体性的国家形象则反映人们所持有的关于某一国家的信念、观念与印象，这种对国家的印象或感知是建立在国家的经济状况、政治结构、文化、与其他国家的冲突、劳动力状况和对环境问题的立场等基础上的（Allred，et al.，1999）。

虽然以上关于国家形象的界定有所不同，但是却拥有共同的理论基础——态度理论。态度是社会心理学的核心概念，在管理和营销领域有着广泛的应用，具有重要的战略价值。2000 年 Wilson 等在内隐性社会认知研究的基础之上提出了双重态度模型理论（Dual Attitudes Model，DAM），认为个体对同一态度客体能同时有两种不同的评价：一种是内隐的态度；另一种是外显的态度。其中，内隐态度（implicit attitudes），即"由过去经验累积形成的无法内省识别（或无法准确识别）的痕迹，潜在地影响个体对社会客体认知、情感和行为倾向"（Greenwald & Banaji，1995）。双重态度模型在社会心理学、认知神经科学、营销学等领域的大量实证研究发现，内隐态度更多地反映个体自动化的评价联结，不受意识控制也不易受到社会期许的影响，并且与外显态度之间存在分离，而且内隐态度更加真实可靠，也更能预测人们的实际行为。

以往基于态度理论的国家形象研究倾向于从认知形象和情感形象两个方面进行定义和测量，关注信息加工的外显结果。本书运用外显自陈量表与单类内隐联想测验（SC-IAT）相结合的实证方法论证目标受众的国家形象感知同样存在内隐国家形象和外显国家形象相分离的现象，反映国家形象研究理论基础的前沿方向，是双重态度模型理论在国家形象研究领域的有价值尝试。

（3）对国家形象整合营销传播机理进行了有意义的探索

当前，一些学者已经开始尝试运用整合营销传播理论展开国家形象构建的研究，范红（2013）认为国家形象塑造和传播是一项长期的系统工程，并在对国家形象核心要素和差异化特色进行梳理的基础上，对国家形象整合营销传播策略进行了系统阐述。但是现有研究成果对国家形象营销传播机理的研究还非常有限。本书以态度理论为支撑，在国家形象二重性的研究框架下，从信息接触来源和信息接触媒介两个营销传播维度，分别针对外显国家形象和内隐国家形象进行实证研究，对国家形象整合营销传播机理进行了有意义的探索。

1.1.2.2 研究的实践意义

随着全球一体化的不断发展，在国际传播气象万千、国际舆论效应日渐凸显的数字信息时代背景下，一个国家的国家形象发挥着越来越重要的作用（陈蓉，2011）。国家形象是外部公众对特定国家及其国民的总体认知和判断，不仅包括其累积的关于该国的自然资源、经济发展、风土人情等特征，而且也是对该国及国民气质个性、文化特性以及行事方式整体抽象的把握。而且这种态度还包含情感成分，积极正面的国家形象往往与公众信任、喜爱、接触意愿高等积极的情感相连，进而影响他的行为意向，这一点在国际市场营销领域和旅游营销领域已经得到证实。反之，消极的国家形象所激发的负面联结则更有可能加深误解甚至是敌意。因此，积极的国家形象虽然是看不见摸不着的"无形资产"，却拥有与军事、经济等硬实力相似的巨大威力，不仅可以帮助该国增强其国际影响力、赢得国际社会的尊重，而且有利于争取国际舆论的同情和支持乃至实现外部公众的心理认同。

历经 30 余年的持续发展，中国已经超越日本，跃居世界第二大经济体，综合实力日益彰显，国际地位举足轻重，成为备受西方媒体关注的热点。然而，目前中国在国际信息流动中的国家形象，基本上是由西方国家主导的全球信息传播系统塑造成型的，西方主流媒体对中国的报道更多集中在负面议题上（涂光晋、宫贺，2008），形成中国国际形象中的负面刻板印象。美国皮尤研究中心 2010 年 6 月公布的全球民意调查报告显示，大多数接受调查国家的公众对中国的态度保持基本不变，在美国和西欧，不足一半的调查者对中国持积极态度，大多数德国人（61%）和法国人（59%）对中国持消极态度。"崛起的"中国被打上了

"潜在威胁的国家"的印记,这与我国 "和平崛起"的国家形象建构目标形成了较大反差。

进入新世纪,伴随着中国在世界政治、经济、军事等领域的影响与日俱增,我国政府已经越来越意识到国家形象的重要性,积极主动传播、建构中国形象的各种活动日益增加,并逐渐向多元化发展。这固然是中国形象建构与传播的重大突破和转折,但是,也带来全新的挑战,无论是传播理念还是具体的传播活动都还存在很大的提升和改进空间。

从传播理念层面来说,目前中国国家形象的国际传播仍然是相对单向、以自我为中心,还没有脱离"外宣"的色彩,传播效果并不乐观。以 2012 年年初推出的"中国国家形象"宣传片为例,该片在美播出后,皮尤公众与媒体研究中心对 1 503 名美国人做了调查,其中58%的被调查者希望美国与中国建立更强有力的关系,而 65%的人认为中国是"对手"或是"严重问题"(杜忠锋,2012)。从具体的传播活动层面来说,还处于零散的战术应用阶段,越来越丰富、多元化的传播手段已经开始出现,开立孔子学院、广泛开展的中国年活动以及中国形象宣传片的推出,都是中国形象传播的重要尝试,但是各种活动还缺乏系统的战略指导,在很大程度上影响了传播效果。而且传播手段偏重传统大众媒介,信息化时代,以信息共享、去中心化、多极化为标志的 Web2.0 网络和手机新媒介(刘康,2009;管成云、郝朴宁,2010)以及人际接触与沟通(何辉,2006)等多种国家形象传播新方式亟待拓展。

与此同时,我们的近邻韩国,在国家形象传播方面卓有成效,其以韩流文化为中心的国家形象战略不仅通过出口产品和提振旅游业给韩国经济带来显著影响,更使得韩国的生活方式、传统文化乃至价值观深入人心(Kim,2013)。

本书从外显和内隐双重态度视角对国家形象的整合营销传播机理展开研究,并依据韩国案例所得研究结论,提出未来中国国家形象整合营销传播可能的借鉴和建议。这一尝试既为我国国家形象传播的实践提供了一定的理论依据,又着眼于具体的操作策略和传播路径,有助于我们转变国家形象传播理念，拓展整合多种传播渠道和营销策略，以"一个形象，一个声音"实现中国形象在国际社会的积极的、集体的认同，拓展国家的"心理边界"（李怀斌，2009）。

1.2　研究目标与内容

1.2.1　研究目标

在当前国家形象研究背景下，从双重态度的视角探索国家形象的整合营销传播机理具有重要的理论意义和实践价值。基于此，本研究尝试完成以下研究目标。

（1）基于双重态度模型理论论证国家形象的二重性

已有的基于态度理论的国家形象研究多从态度构成的认知成分和情感成分两个方面进行国家形象的定义和测量，然而传统的自陈式量表或问卷测得的是目标受众的外显态度，即其能够意识到并能报告出来的态度。Wilson et al.（2000）提出双重态度模型理论（dual attitudes Model，DAM），认为个体对特定态度客体同时存在两个独立的心理结构，分别是外显态度和内隐态度。其中，内隐态度（implicit attitudes），即"由过去经验累积形成的无法内省识别（或无法准确识别）的痕迹，潜在地影响个体对社会客体认知、情感和行为倾向"（Greenwald & Banaji，1995）。内隐态度的提出和研究有助于深化理解目标受众的国家形象感知，并借此建立更为有效的国家形象传播体系。因此，本研究借鉴已有的态度分离研究方法，运用外显自陈量表与单类内隐联想测验（SC-IAT）相结合的实证方法论证目标公众的国家形象感知具有二重性，即外显国家形象和内隐国家形象同时存在，且在一定实验条件下具有无意识、自动激活的内隐国家形象更加稳定，二者呈现实验性分离。

（2）构建国家形象整合营销传播的理论框架模型

认知心理学认为，人们对某一事物、人、地方、产品、品牌等的感知是一个从感觉到知觉的认知过程，这一过程经过不断的往复最终形成人们的评价和判断，即形象。国家形象的形成过程可以被看作是一个一系列动因或信息来源分别作用于个体的大脑而形成一个形象的过程（Beerli & Martin，2004），是一系列信息输入和输出产生的结果。整合营销传播从消费者出发的营销传播视角转向及其强调整合、互动的特点为国家形象的形成和传播提供一个新的研究视角。本书在目标公众感知、建构特定国家形象的过程中，尝试从信息接触来源和信息接触媒介两个维度构建国家形象感知模型，作为国家形象二重性下整合营销传播的理论框架。

（3）探索国家形象整合营销传播机理

根据以上国家形象整合营销传播理论框架模型，本书从信息接触来源和信息接触媒介两个维度，分别针对外显国家形象和内隐国家形象展开实证研究，探索影响二重国家形象的差异化营销传播因素。据此，一方面可以在国家形象二重性背景下，为围绕目标公众感知、有效整合不同营销信息接触来源和信息接触媒介提供理论支撑；另一方面进一步挖掘论证国家形象二重性的内在机理，即影响外显和内隐国家形象的营销传播因素也存在差异，有其各自的独特性。

1.2.2　研究内容

根据以上研究目标，本书以双重态度模型理论为基础，运用问卷调查与 SC-IAT 实验相结合的实证研究方法验证国家形象的二重性，进而在此前提下对国家形象整合营销传播机理进行理论探索和实证分析，并依据研究结论提出国家形象整合营销传播的启示和建议。全文共包括八个章节，大致分为六个部分。

第一部分，绪论。本章从国家形象研究的现实背景和理论背景出发，提出以营销学视角，在双重态度理论模型基础上探索国家形象整合营销传播的机理和框架体系。针对以上研究主题系统阐述研究的理论意义和现实指导意义，明确了文章需要实现的三个主要研究目标以及论文的基本研究内容。最后，为达成以上研究目标，选择设计科学有效的研究方法和技术路线，并总结研究可能的创新和不足。

第二部分，文献综述（包括第二章和第五章）。国家形象方面主要回顾营销学、传播学等不同学科对国家形象的概念理解、国家形象形成的影响因素以及国家形象与目的地形象的关系；IMC研究追溯概念的产生、理解以及在地区营销的应用现状。经过以上梳理，通过国家形象营销传播领域研究现状、趋势和不足的把握为后续的理论分析和实证研究提供理论依据。

第三部分，基于双重态度模型理论的国家形象实证研究（包括第三章和第四章）。这一部分首先依据双重态度模型理论提出研究假设，然后设计外显国家形象和内隐国家形象的测量和二者分离实证研究，接下来对问卷数据和单类内隐联想测验（SC-IAT）实验数据进行整理和统计分析，得出研究结论。

第四部分，国家形象二重性下的整合营销传播机理分析。本章从整合营销传播消费者导向的核心理念出发，构建目标公众国家形象感知的概念模型，探索目标公众如何基于不同国家形象接触点的经验和知识感知形成他国形象的过程，接下来针对目标公众国家形象感知过程中的具体信息接触来源和信息接触媒介进行分析，从而在国家形象二重性前提下提出整合营销传播的研究假设。

第五部分，国家形象二重性下的整合营销传播实证分析。这一部分依据第四章得出的国家形象整合营销传播理论框架，首先进行问卷设计和数据收集，接下来运用通过信度和效度分析的正式调查数据进行假设检验，得到影响目标公众国家形象感知的信息接触来源因素和媒介因素，并发现相关因素对外显国家形象和内隐国家形象的影响也呈现一定的分离。

第六部分，结论与启示。这部分首先对前述理论分析和实证研究进行简要总结，然后根据研究结论提出国家形象整合营销传播的几点启示，最后分析本研究可能的创新之处和存在的不足，为后续研究指明方向。

本书研究内容的总体框架如图1-1所示。

第1章 绪论	→	简要介绍研究背景、意义、内容和方法
第2章 国家形象概述	→	国家形象的概念理解、影响因素和目的地形象
第3章 国家形象二重性研究假设的提出	→	在双重态度模型基础上提出国家形象二重性假设
第4章 国家形象二重性实证研究	→	选取韩国为案例国家，运用SC-IAT实验和外显自陈量表收集数据、分析数据、验证假设
第5章 整合营销传播（IMC）概述	→	IMC概念理解、国家整合营销传播现状分析
第6章 国家形象二重性下的IMC机理分析	→	构建概念模型、在国家形象二重性下提出整合营销传播研究假设
第7章 国家形象二重性下的IMC实证分析	→	研究设计、运用SC-IAT实验和自陈量表收集数据、数据分析、验证假设
第8章 研究结论与启示	→	总结研究结论、提出启示和展望

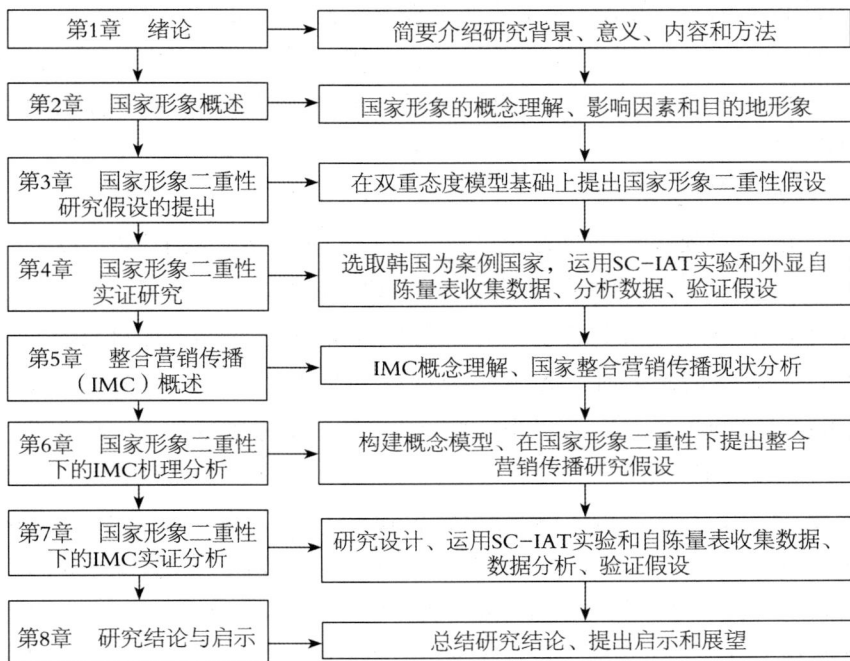

图 1-1　本书研究内容的总体框架

1.3　研究方法和技术路线

1.3.1　研究方法

为了实现研究目标和完成研究内容，在整个研究中，本书采用了规范研究与实证研究相结合的方法，具体包括文献研究法、实验法和回归分析法。

（1）文献研究法

本书参考了国外国家形象、整合营销传播研究的权威期刊 *Journal of Business Research*、*Journal of Marketing*、*Journal of Marketing Research*、*Journal of Advertising*、*Journal of Advertising Research*、*International Journal of Advertising* 等公开发表的关于国家形象的研究文献和态度理论研究的相关权威著作，对 2001—2014 年 CSSCI 来源期刊刊载的关于国家形象的文献进

行了系统梳理。文献研究主要通过搜集、阅读、总结和提炼国家形象态度理论基础、国家形象传播、整合营销传播等相关的研究成果，构建本书的研究思路和相关命题，为进一步的调查和实证研究提供理论基础。

（2）实验法

实验法是通过有目的地控制一定的条件或创设一定的情境，以便对被试的某些心理活动进行研究。本书的研究目的之一是在双重态度模型理论基础上探索论证国家形象的二重性。为避免在使用诸如自我报告等外显方法测量态度时，被试出现社会偏好性的回答（Wittenbrink & Schwarz，2007），通常采用间接手段测量被试不愿意报告或没有意识的内隐态度。本书应用单类内隐联想测验（SC-IAT）作为内隐国家形象测量的主要工具。SC-IAT 是 Karpinski（2005）在 IAT 基础上提出的，对 IAT 的一种修正，可以单独考察某一目标概念与属性之间的联结强度和自动化程度，而不需要在成对的概念之间进行对比。本研究设置两种实验情景，分别测量内隐国家形象以期结合外显国家形象数据结论验证国家形象的二重性假设。

（3）回归分析法

本书采用以回归分析为主的计量研究方法。在文献研究和理论分析的基础上，提出研究模型和研究假设，然后通过实证研究方法进行检验。第一，分别针对外显国家形象和内隐国家形象的形成建立信息来源模型和信息传播媒介模型，并提出相关研究假设。第二，运用问卷调查和实验获取研究数据，其中问卷调查包括调查问卷的设计、数据的初步分析与统计三个步骤。第三，对各类数据应用回归分析等实证分析方法进行分析处理，得出研究结论。

1.3.2　技术路线

本书应用以上研究方法实现三个核心研究目标的技术路线如图 1-2 所示。

```
┌──────────────┐         ┌──────────────┐
│  问题的提出   │────────▶│   文献综述    │
└──────────────┘         └──────────────┘
        │                        │
        ▼                        ▼
┌──────────────┐         ┌──────────────┐
│   理论推演    │         │  实证研究方法  │
└──────────────┘         └──────────────┘
        │
        ▼
┌──────────────┐         ┌──────────────┐
│ 子研究1：基于双重│◀───────│   实验法      │
│ 态度模型理论的 │         └──────────────┘
│  国家形象研究  │
└──────────────┘
        │
        ▼
┌──────────────┐
│ 子研究2：构建国家│
│  形象IMC的理论 │
│   框架模型     │
└──────────────┘
        │
        ▼
┌──────────────┐         ┌──────────────┐
│ 子研究3：国家形象│◀───────│   回归分析    │
│ IMC机理实证分析 │         └──────────────┘
└──────────────┘
        │
        ▼
┌──────────────┐
│  研究结论与启示 │
└──────────────┘
```

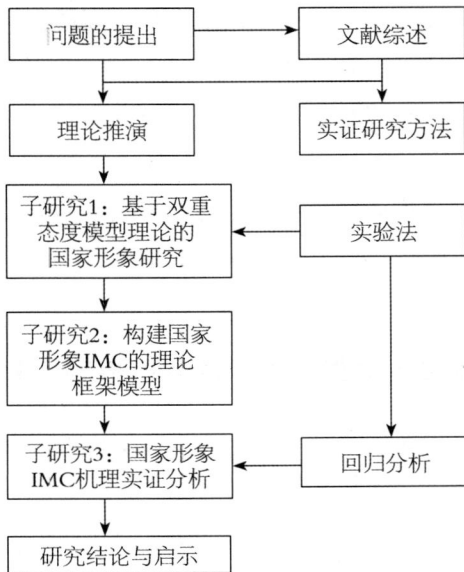

图 1-2   论文技术路线图

1.4   主要创新点

1.4.1   营销学视角的国家形象传播研究

在全球化背景下，作为软实力重要组成的国家形象也构成国际博弈的战略领域，国家形象在国际政治中扮演了重要角色而引起国际社会的高度重视。在这一背景下，当前我国国家形象的研究主要从新闻传播学和政治学两个视角展开，而国内外营销学视角的国家形象研究则较多关注原产国形象对消费者行为的影响。本书围绕目标公众接触，从信息来源和信息媒介两个维度进行国家形象传播机理的实证研究，既拓展了国家形象传播的营销学视角，同时实证研究结论和 IMC 系统整合、强调互动等观点也为国家形象传播实践确立了扎实充分的理论依据。

1.4.2   论证了国家形象的二重性

以往国内外基于态度理论的国家形象研究倾向于从认知形象和情感

形象两个方面进行定义和测量，关注信息加工的外显结果。本书基于双重态度模型理论，运用外显自陈量表与单类内隐联想测验（SC-IAT）相结合的实证方法论证目标受众的国家形象感知同样存在内隐国家形象和外显国家形象相分离的情况，并且具有无意识和自动化特点的内隐国家形象更加不容易发生改变。该结论为理解国家形象传播的误区、探求国家形象跨文化传播的有效路径指明了理论方向，同时也是双重态度模型在国家形象研究领域的有价值尝试。

1.4.3　探索二重性框架下的国家形象整合营销传播机理

应用双重态度理论模型展开国家形象的结构研究证明国家形象具有外显国家形象和内隐国家形象相分离的情况，即国家形象的二重性。在此前提下，本书进一步探索外显国家形象和内隐国家形象的整合营销传播机理。认知心理学认为，国家形象的形成过程可以被看作是一个一系列动因或信息来源分别作用于个体的大脑而形成一个形象的过程，是一系列信息输入和输出产生的结果。本书基于整合营销传播的视角着重从信息接触的来源和媒介两个维度建立目标公众国家形象感知模型，并以此作为国家形象二重性下营销传播机理实证研究的理论框架，分别针对外显国家形象和内隐国家形象进行实证研究，发现影响外显和内隐国家形象的具体的信息接触来源和媒介因素存在差异，有其各自的独特性，进一步揭示国家形象二重性的内在机理。

2 国家形象概述

2.1 国家形象的概念

2.1.1 国家形象概念理解的多学科视角

形象最初是作为一个心理学概念进入研究者视野的，但是，国家形象却是在人类历史由地域史向世界史转变过程中才逐渐地引起学术界的关注的。第一次工业革命之前，人们之间社会物质交往不够频繁，也并未从学术研究的角度明确提出国家形象这个概念。中国古代和西方古代对于国家以及军队形象的研究可视为国家形象研究的萌发，但这方面的记载主要体现为政治军事著作中的零星思想和只言片语。

工业革命之后，生产社会化程度不断提高，人们渐渐对国家形象有了较多的研究，国家形象作为一个概念逐渐凸显出来，但其研究目的依然是为政治和军事的合法性服务，研究重点是为战争做宣传。摩根索在《国家间政治》中提及的"威望政策"，由此奠定了西方国家国家形象研究的实用主义路线；随后，美国研究中国问题的开山鼻祖费正清发表了许多中国公众形象与中美关系的文章，找到了中美关系研究的突破口；

冷战期间美苏"敌人意象"研究成为研究国家形象的新方法，在冷战结束前被广泛运用，国家形象为政治传播服务。

以信息技术迅猛发展为标志的信息技术革命悄然兴起之后，国家形象作为一个研究概念才进一步变得清晰起来，不少学者开始展开了较为系统的理论研究。

2.1.1.1 西方学术界的研究视角及述评

国家形象研究在西方学界虽不属于热门领域，却也积累了相当可观的学术资源，见表2-1。社会科学范围的国家形象研究有四成集中在商学领域，其次是政治学，而在艺术及人文科学领域中，关于国家形象的研究主要来自文学、历史和艺术视角。此外还有一些硕士论文、博士论文和学术著作也从不同角度研究了国家形象问题。经过阅读和梳理，可以发现有三种视角的国家形象研究对本研究有重要借鉴意义，分别是营销学、政治心理学和国际关系学。

表2-1 SSCI（1961—2011）和AHCI（1975—2011）国家形象研究文献概况

数据库	文献总数	有效文献数	主要分布学科	篇数和比例
SSCI	195	84	商学（含管理学）	34（40%）
			政治学（含国际关系学和区域研究）	23（27%）
A&HCI	136	29	文学、历史和艺术	15（50%）
总计	331	113		

资料来源：王海洲."国家形象"研究的知识图谱及其政治学转向 [J]. 政治学研究，2013（3）.

第一，营销学角度。在国外，国家形象作为国家营销的一个重要方面早就受到重视。20世纪60年代，有关原产国效应（country-of-origin effects）研究就证实，国家形象直接影响消费者行为及企业市场营销绩效。一个消费者选择某国产品，可能仅仅因为该产品来自某国。20世纪90年代，系统的研究成果出现，1990年，迈克尔·波特出版了《国家竞争优势》，认为"城市、国家和区域集团在竞争力提升中的角色与作用"是战略管理的一个重点研究方向和主题；2003年，菲利普·科特勒的《国家营销》问世，提出"国家可以像企业那样来经营，可以运用战略营销管理的理论指导国家创造经济财富"。2006 年，"地点，包括城市、州、地区和国家"被纳入他的新版教科书《营销管理》中，成为和产品、服务并列的现代营销内容之一。

正如迈克尔·波特所言："国家是企业最基本的竞争优势。"营销学领域中的国家形象研究在很大程度上服务于国家的经济竞争，无论是何种形象都被视作一种能够提高国家竞争力的"品牌"，这种"品牌"作为无形的产品或者资产发挥出重要作用。正因如此，在近十年来对国家形象进行系统性评估的重要研究报告——如"安浩国家品牌指数"（Anholt-GfK Roper Nation Brands Index，NBI）和"未来品牌国家品牌指数"（Future Brand Country Brand Index，CBI）中，都将"品牌"一词当作核心词汇。两者各有 6 项评估指标，分别只有 1 项指标直接反映出政治生活状态，并采用了同样的名称（Government，"行政管理"）。这项指标主要限于描述政府在公共政策应用中的效能，就此而言，这与 20 世纪 90 年代初波特对政府在国家竞争优势中的定位仍然是一致的。

第二，政治心理学角度。杰维斯等西方国际关系学者从心理学角度，在形象理论的基础上，对国家形象形成的根源和不同形象对决策产生的影响早有探讨。其代表著作有肯尼思·布尔丁（Kenneth Boulding）的《形象论》（The Image）、罗伯特·杰维斯（Robert Jervis）的《国际关系中形象的逻辑》（The Logic of Images in International Relations）等。布尔丁在他提交给华盛顿的美国心理学学会的论文《国家形象和国际体系》（National Images & International Systems）中对国家形象从哲学和心理学的角度进行了深入研究。他认为，"事实上，国家形象基本上是一个谎言，或者至少是某一个角度对事实的歪曲，它可能导致易于为野蛮和罪恶来辩护"。在这里，布尔丁强调了国家形象不等同于国家事实，而且，提醒任何一个国家形象的研究者不要陷入错误的方向。杰维斯在《国际关系中形象的逻辑》一书中系统地讨论形象对国际关系的影响，尤其是他系统地采用了心理学的分析方法，使形象研究提升到一个新的水平。国际政治心理学认为，在两国关系中：目标的一致性、相对实力/能力和相对的文化地位是形象形成的三个结构性因素。根据三者的不同组合，两国关系中存在着敌人形象、盟友形象、依赖形象、屠夫形象和帝国形象等五种相互认知。不同的形象认知影响一国对另一国不同的政策取向。

第三，国际关系学角度。国际关系学角度的研究在分析国家形象问题时始终以外交实务为旨归。其中，在其经典论述中，布尔丁的"国家形象"是从3个维度展开的，第一个是地理空间维度，也就是国家的"地理形象"，更加通俗地说，就是地图形象；第二个维度是国家的"敌意"和"友好"；第三个维度是国家的"强大"和"羸弱"。在布尔丁眼中的国家形象主要是它的第二个维度，布尔丁从这个角度讨论了国家形象和国际体系的关系。后续研究者继承和推进了这种路径，如理查德·赫尔曼提出"相对国力、威胁与机遇、文化比较"是影响外交政策判断的三要素，也是国家形象三个最重要的自变量。

此外，在国际政治学中，有关声誉问题的研究可以说是源远流长。从修昔底德《伯罗奔尼撒战争史》到马基雅维利的《君主论》，多位政治哲学家都认为无论是个体层面还是国际层面，声望因素是产生冲突的动机之一。第二次世界大战后，声望问题的研究主要集中于安全和威慑论领域。代表著作有麦尔瑟的《声望与国际政治》，作者试图解决威慑论的核心问题——即危急关头，坚定的声誉是否真正奏效。20世纪80年代以来，对声誉的关注开始向更多的问题领域扩展。学者们开始运用声誉工具，分析国际合作、国际组织、地区一体化等问题。约瑟夫·奈在《软实力》中提出了"国家声誉"，深化了国家形象的内涵。

总之，国外对国家形象研究已经超越了单纯的国际政治学范畴，更多的是从心理学、营销学、品牌管理、公共关系等角度进行跨学科探讨，理论视野相当广阔。

2.1.1.2 我国学术界的国家形象研究现状

在国内，"国家形象"研究首先源起于国际关系领域和传媒领域学者的学术敏感，然后进入中国政治家的思维，随后又推动了学界相关的专题研究。目前，国家形象的研究已成为多学科共同关注的领域，涉及政治学、外交学、传播学（包括国际传播理论）、舆论学、公共关系学、广告学等学科，研究的内容包括中国国家形象的传播现状与对策、对外传播与国家形象、从公共关系和品牌营销的角度研究国家形象的建构方式等方面（刘继南、何辉，2008）。尤其是自 2006 年之后，国家形象问题日益受到国内学术界的重视，迅速成为学界的研究热点，国家形象的研究文献数量呈现阶段性增长，并且随着国内研究的视角和内容的细化和丰富，也取得了很多有价值的研究成果。

考虑到中文社会科学引文索引（CSSCI）数据库是教育部在全国推广的官方人文社科评价体系，所收录期刊的整体水平和影响力被国内学术界普遍认可，作者通过设置关键词"国家形象""国家营销""国家品牌"和"中国形象"，分别在时间段 2001—2011 年进行搜索和筛选，得到该期间关于国家形象研究的学术论文 305 篇[①]。进而，对这些样本文献的发表时间、来源期刊、研究内容和研究方法进行了较为系统的分析和梳理，以期对 21 世纪以来我国国家形象研究的现状有一个基本的把握。

（1）文献发表时间分析

统计分析显示，本书 305 篇样本文献的发表时间分布如图 2-1 所示。2001—2005 年关于国家形象的研究相对稳定，每年的文献发表数量都在 10 篇以下，增长比较平缓。2006 年之后进入该领域研究的快速发展阶段，除了 2009 年和 2011 年的论文发表数量较上年有小幅度回落，其他四年都比上年增长超过 50%，尤其是 2008 年和 2010 年关于国家形象的研究骤增，2010 年论文发表数量达到 79 篇。其中，基于营销视角的研究有 16 篇，均发表于 2006 年之后，且每年的发文数量没有显著变化，基本保持在 3 篇左右。

总体上看，国内关于国家形象的研究文献数量呈现阶段性增长的特点。这一文献数量增长规律反映了国家形象问题日益受到国内学术界的重视，2006 年之后迅速成为学界的研究热点。具体到营销视角，则仍然处于研究的导入阶段，与国家形象总体研究的发展态势不一致，表明运用营销理论进行国家形象的研究的尝试刚刚开始，还没有受到广泛的

① 所得样本已删除书评、会议简报、新闻等非学术论文以及其他不是以国家形象为核心研究主题的论文。

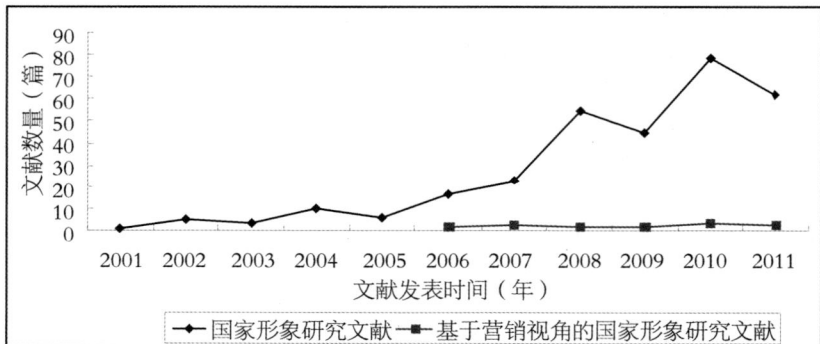

图 2-1　国家形象研究文献发表时间分布图

资料来源：刘丽英. 国家形象研究文献述评及营销视角展望——基于 CSSCI（2001—2011）的研究［J］. 学术交流，2014（2）.

关注，具有进一步拓展和丰富的空间。

（2）来源期刊分析

从研究视角的学科分布结构上看，与国外四成左右文献来自营销学的原产国形象研究不同，国内国家形象研究从 2006 年开始快速增长，但基本集中在新闻传播学和政治学领域。CSSCI 将所收录的来源期刊根据所属学科划分为管理学、经济学、政治学等共计 25 类。为了解国家形象研究的学科视角，本书根据上述分类标准和论文来源期刊所属学科，对样本进行了统计分析，发现所有来源期刊共涉及其中的 14[①] 个学科类别，刊载论文数量前三位的期刊类别分别是：新闻学与传播学（76篇）、综合性社会科学（55 篇）和政治学（53 篇），如图 2-2 所示。

在全球化背景下，作为软实力重要组成的国家形象也构成国际博弈的战略领域，国家形象因在国际政治中扮演了重要角色而引起国际社会的高度重视。因此，如何构建和传播中国国家形象，彰显综合国力和参与国际竞争，就成为新闻传播学和政治学两个学科的研究热点。

来自新闻传播学和政治学两个领域的学者基于各自的理论视角对国家形象的基本概念、构建和传播等问题进行了较为深入的探索，并对国家形象的概念提出了不同的理解。从新闻传播学的角度来看，形象是信息传递的结果，是一个客观物体以信息为"形"通过一定的媒介载体进

---

① 除此之外，还包括综合性社会科学和高校综合性社科学报，共 16 项来源期刊类别。

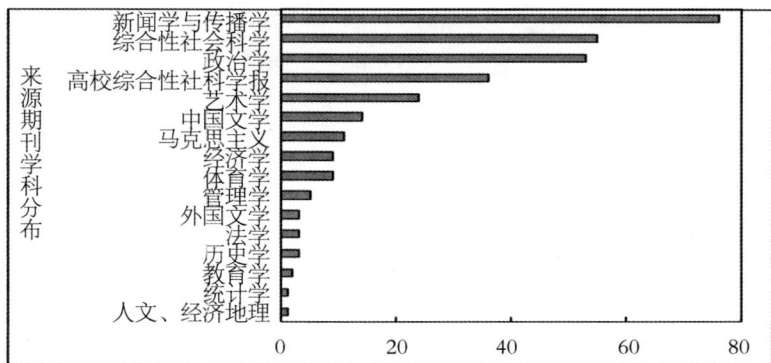

图 2-2 国内国家形象研究来源期刊学科分布图

资料来源：刘丽英. 国家形象研究文献述评及营销视角展望——基于 CSSCI（2001—2011）的研究［J］. 学术交流，2014（2）.

入受众大脑，并由受众在已有认知基础上进行加工而成"象"的过程。因此，国家形象既具有来源于现实的客观性，也具有被加工处理的主观性。如刘小燕（2002）认为，所谓国家形象，即"国家的客观状态在公众舆论中的投影，也就是社会公众对国家的印象、看法、态度、评价的综合反映，是公众对国家所具有的情感和意志的总和"。

政治学界对国家形象的研究则往往从协调国际关系，增强国家综合实力的角度展开。比如，管文虎等认为"国家形象是国家的外部公众和内部公众对国家本身、国家行为、国家的各项活动及其成果所给予的总的评价和认定，是国家力量和民族精神的表现与象征，是主权国家最重要的无形资产，是综合国力的集中体现（管文虎，1999）"。1990 年，美国学者约瑟夫·奈提出"软实力"概念，国家形象内涵进一步丰富。国内学者在此基础上提出国家形象既是一种"软实力"又同国家的政治实力、经济实力、军事实力之间具有复杂的互动关系（傅新，2004）。

除此之外，目前国家形象研究正受到多个学科研究者的关注，涉及艺术学、文学、经济学、管理学、体育学等 14 个专业学科。这些不同学科研究者开展的研究，进一步开阔和丰富了国家形象研究的视野和角度。但是，许多学科视角的国家形象研究的时间较短，论文多是从2010 年才开始刊发，数量也非常有限。如 2001—2011 年法学类期刊发表的国家形象研究论文只有 3 篇，刊发时间分别为 2010 年和 2011 年。发文数量相同或更少的历史学、教育学、统计学、人文、经济地理类期刊也是这种情况。

（3）研究内容分析

从研究内容上看，国家形象研究最多的内容是国家形象构筑，其次是国家形象解析、国家形象基本概念。

第一，国家形象构筑。国家形象构筑研究是国家形象研究的重点内容，主要解决构建或塑造国家形象的措施和对策问题，涉及不同领域学者的多个视角。作者通过研读相关论文的关键词及全文，发现以下几个研究集中度比较高的主题，它们分别是大众传媒、公共外交、文化传播和国家形象定位。

其一，大众传媒。国家形象行为主体本身的行为过程和行为表现以及媒体的传播是建构形象的主要过程。大众传媒以其传播范围广、受众数量多、传播速度快的特点成为国家形象塑造、提升的重要途径，众多学者的国家形象构筑研究也围绕这个内容展开。《国家形象塑造中的媒体角色——以汶川地震报道为文本》（薛可、余明阳，2008）从文本角度探讨国家形象塑造中的媒体角色；《论"议程设置"在国家形象塑造中的舆论导向作用》（程曼丽，2008）基于"议程设置"理论分析大众传媒影响公众国家形象感知并最终形成"刻板印象"，认为中国必须参与国际舆论的议程设置，从而纠正国际社会对中国的偏见与误读。

其二，公共外交。公共外交是以政府为主体，以外国民众为对象、以对外文化宣传活动为内容，以出版物、电影、文化交流、电台和电视媒体的公开宣传为手段，以维护国家利益、提升国家形象为目的的一种外交方式。2008 年开始，公共外交逐渐成为我国学者国家形象塑造研究的一个热点。比如，《运用公众外交塑造"文化中国"国家形象——以"过春节，吃饺子，庆团圆"为例》（陈先红，2008）通过个案研究探讨了运用公共外交手段塑造文化中国国家形象的若干策略和方法。

其三，文化传播。文化历来是国家形象系统的重要范畴之一，"提高文化软实力"论点的提出进一步凸显了文化的战略地位。从文化视角对中国国家形象的解读和构筑一直是国家形象研究的重点。"当今时代，文化越来越成为民族凝聚力和创造力的重要源泉、越来越成为综合国力竞争的重要因素。"十七大报告关于文化软实力的阐述，进一步激起各界对文化研究的热情。多数学者认同文化传播是塑造国家形象的重要手段，并提出对外文化传播过程中的具体措施，众多学者围绕文化传播、文化输出等内容展开研究。代表性的论文有：《对外文化传播与中国国家形象塑造》（吴友富，2009）、《从"去中国化"到"再中国化"的文化战略——大国文化安全与新世纪中国文化的世界化》（王岳川，2008）。

其四，国家形象定位。科学、准确的国家形象定位是国家形象构筑的基础。如何在受众心中为中国确立一个独特、鲜明的国家形象，即国家形象定位，也是一个重要的研究主题。现有研究主要以国家形象所涵盖的具体领域（包括：政治、经济、文化、军事、外交、社会、科技等）为框架，或者强调其中某一范畴对国家形象定位，或者针对每个范畴进行分别定位。对于国家形象定位的具体指向，学者们提出了各自的看法，比较有代表性的话语包括"和平""发展""崛起"，反映多数学者突出国家形象的经济范畴定位，也有学者认为文化形象是中国经济发展过程中亟待同步进行的战略平衡行为（孙英春，2010）。《当前国家形象建构的主要问题及对策》（刘继南、何辉，2008）认为和平发展的国家形象应该是中国国家形象的精髓，并进一步对国家形象的经济、政治、军事等构成要素进行定位；《北京奥运会与文化中国国家形象构建》（冯惠玲、胡百精，2008）通过大规模实证研究，提出文化范畴应成为当前中国国家形象的优先范畴，"文化中国"应成为国家形象战略的目标导向。

国家形象的多个范畴是否存在定位的优先序列，能否确定某一范畴的核心地位及其包容性是未来需要进一步探讨的问题。定位强调创造独树一帜的心理位置，该理论应用于国家形象所引发的思考是一国的形象如何在强调民族特色的同时为具有不同文化、价值观背景的其他国家受众所接受。对这一问题的作答，多数学者持相似观点，认为实现"个性"与"共性"的调适是建立为广泛受众所接受的国家形象的关键，但是在如何协调二者关系方面还缺乏有力的阐述。

国家形象定位的核心话语反映主体在与国家形象构建过程中所秉持的态度、观念和思想，是指导具体定位方向践行的哲学理念。以构建中国文化形象为例，是实现中国文化形象的世界化（刘刻，2009）还是打破"你""我"之间的"主体—客体"结构，转而寻求"主体—主体"之间的多元双赢关系（冯惠玲、胡百精，2008）反映了不同的国家形象实践指导思想。冯惠玲、胡百精（2008）以北京奥运会为研究切入点，借鉴公共关系修辞学派的观点认为，对话是文化中国国家形象的核心话语，并尝试以对话为"元概念"构建国家形象理论范式，开启了国家形象定位核心话语的探索之路，围绕这一主题的深入研究值得期待。

除此之外，许多学者还从国际旅游、国家品牌、留学生、政府公关、奥运会和世博会、企业社会责任、知识产权等多个角度丰富了国家形象构筑的研究。

目前基于营销视角的国家形象构筑研究主要从品牌、广告、消费者感知等方面对国家形象的构建提出建议和对策。例如，《全球化视野下的国家品牌形象构建》（阎志军，2010）从为本国产品以及自主品牌的对外输出提供国家层面支持的角度探讨国家品牌形象的构建；《三聚氰胺事件对中国消费者国家形象感知及本土品牌偏好影响的研究》（王鹏等，2009）以三聚氰胺这一突发公共卫生事件作为前因变量，运用实证分析从消费者感知的角度证实国家形象往往受到重大以及突发事件的影响。

第二，国家形象解析。国家形象的解读和分析是国家形象研究另一个重要的内容，这类研究主要集中在通过对文学艺术类作品和报纸杂志等新闻媒体所勾勒的中国国家形象的分析和解读，反映一定研究情境下的中国形象实况，进而探寻该形象形成的内在机理和深层次动因。国家形象解析的载体众多，包括诗歌、小说、影视作品、戏剧、主流报纸、杂志等。例如，《映像中国：美国主流报纸上的中国形象》（周勇、郑敏，2010）以美国《纽约时报》、《华尔街日报》和《华盛顿邮报》1999—2008年的涉华社论为研究对象，研究总结了美国主流媒体塑造的多元的中国形象；《论老舍小说中的中国形象》（谢昭新，2011）通过对老舍小说人物的解读，认为老舍所塑造的中国形象始终贯穿着弘扬民族精神，期盼民族复兴的思想意蕴。

国家形象解析的研究涵盖多个地区和国家，其中较多的研究关注了西方媒体的视角，也有具体到美国、英国、德国、俄罗斯、日本等某个国家视角的分析，如《德国人视角下的中国形象——以德语版中国旅游指南为例》（王志强，2009）、《韩国人心目中的中国形象——基于焦点集团访谈的研究结果》（王晓玲、董向荣，2010）。

第三，国家形象基本概念。此类研究主要包括国家形象的概念、构成要素、战略、功能等内容的界定与理论探源。如《国家形象刍议》（张毓强，2007）对国家形象研究中的国家、形象和国家形象的概念进行初步界定，对形象和国家形象的形成过程进行了初步分析。在营销学领域，也有一些研究从国家形象与相关概念关系探讨和辨析的角度展开。代表性的论文包括：《国家形象与目的地形象：概念的异同和整合的可能》（张宏梅、蔡利平，2011）、《国家营销、国家形象与国家软实力》（汪涛、邓劲，2010）。

在梳理论文内容的过程中，发现国家形象的研究与世界政治经济形势、国家政策和一些重大事件密切相关，很多学者在全球化、软实力、奥运会等视阈下进行国家形象的理论探索和研究。例如，2008年北京奥运会的举办引发世界对中国的广泛关注，也为国内学者研究国家形象提供了契机和平台。在305篇样本文献中有18篇论文是从奥运会的角度探讨国家形象的构筑和认知，主要集中发表于2008年及随后的两年间。

（4）研究方法分析

通过对样本所采用的研究方法进行统计分析，发现目前国家形象的研究以定性分析为主，占总样本数的64%，其次是理论探索和实证研究，分别占到21%和15%。

前述分析显示，2001—2011年中国国家形象的研究很大一部分是从新闻传播学、政治学、文学、艺术等视角展开，目前这些领域的研究方法基本采用人文主义的思辨研究，实证研究，尤其是量化实证研究较少。以新闻传播学为例，2000年之后，运用实证研究的学术论文增多，主要方法是内容分析和社会调查（张振亭，2009），但是，定性的研究方法处于绝对主导地位（董天策、昌道励，2010）。本书样本研究方法的分布情况也呈现这样的特点，实证研究只占论文总量的 15%，共计 45 篇。进一步细分，其中质化实证研究为 42 篇，以内容分析法为主，还包括文献分析法、个案研究法、焦点小组访谈法、问卷调查等方法；量化实证研究为 3 篇，均为营销类论文。

2.1.1.3　当前我国国家形象研究的局限

从整体上看，近十余年来，国家形象已经成为新世纪备受学界关注的热点问题，相关的研究呈现快速发展的态势。国内关于国家形象的研究在国家形象的内涵、构筑和解析等方面取得了大量有价值的成果，但也存在一定的局限和不足。

（1）国家形象问题日益受到关注，但相关研究的学科视角有限

随着我国经济持续快速发展，中国的综合实力日益彰显，国际地位举足轻重，但是中国参与国际交往的形象却一直存在争议，中国形象的话语权长期为西方世界所掌控。"中国处于话语弱势的境地，不时成为全球媒体批评的对象。她常常无法据理力辩。"因此，应对西方媒体对中国国家形象的歪曲，构建良好的国家形象和提升中国软实力，则成为国家形象研究快速增长的根本动因。2007 年以来，一系列与国家形象有关的国内、国际重大事件[①]，更是吸引了众多学者对国家形象的关注，相关研究成果与日俱增。

但是，目前国内关于国家形象的研究主要集中在新闻传播学和政治学两个领域，包括营销学科在内的其他学科领域的研究只是偶有涉及，并没有呈现与国家形象总体研究相似的快速发展的态势。例如，近几年来，营销视角的国家形象研究开始出现，其中量化实证研究的使用为国家形象研究方法的科学化和规范化开拓了思路。但是，这些研究的论文数量不多，而且大都是国家形象理论拓展和国家形象效应方面的研究，较为全面、系统和深入的研究还没有展开。因此，在一些新的学科领域拓展和加深国家形象问题研究，有助于进一步丰富研究视角寻找更广泛的理论基础，突破传统研究思路和方法的局限性。

---

① 2007 年，中国共产党把"文化软实力"写进十七大大会报告；2008 年，北京举办奥运会；2009 年，国家公关战略启动，中国开始主动地展示自己的"软实力"，争夺国际话语权。

（2）国家形象定位的具体方向和核心话语有待进一步探索和提炼

定位是营销战略理论架构中的一个核心概念，适用于政治、战争、商业等所有影响他人思想的人类活动形式（艾·里斯、杰克·特劳特，2002）。国家形象定位是国家发展模式、方向、战略的集中体现，是国家形象的基点和核心（陈正良，2008）。如何在目标公众心目中为中国确立一个独特、鲜明的国家形象，即国家形象定位，是一个重要的研究主题。现有研究主要以国家形象所涵盖的具体领域[①]为框架，或者强调其中某一范畴对国家形象定位，或者针对每个范畴进行分别定位。对于国家形象定位的具体指向，学者们提出了各自的看法，比较有代表性的话语包括"和平""发展""崛起"，反映多数学者突出国家形象的经济范畴定位，也有学者认为文化形象是中国经济发展过程中亟待同步进行的战略平衡行为（孙英春，2010）。国家形象的多个范畴是否存在定位的优先序列，能否确定某一范畴的核心地位及其包容性是未来需要进一步探讨的问题。定位强调创造独树一帜的心理位置，该理论应用于国家形象所引发的思考是一国的形象如何在强调民族特色的同时为具有不同文化、价值观背景的其他国家受众所接受？对这一问题的作答，多数学者持相似观点，认为实现"个性"与"共性"的调适是建立为广泛受众所接受的国家形象的关键，但是在如何协调二者关系方面还缺乏有力的阐述。

国家形象定位的核心话语反映主体在与国家形象构建过程中所秉持的态度、观念和思想，是指导具体定位方向践行的哲学理念。以构建中国文化形象为例，是实现中国文化形象的世界化（刘刻，2009）还是打破"你""我"之间的"主体—客体"结构，转而寻求"主体—主体"之间的多元双赢关系（冯惠玲、胡百精，2008），反映了不同的国家形象实践指导思想。冯惠玲、胡百精（2008）以北京奥运会为研究切入点，借鉴公共关系修辞学派的观点，认为对话是中国国家形象文化的核心话语，并尝试以对话为"元概念"构建国家形象理论范式，开启了国家形象定位核心话语的探索之路，围绕这一主题的深

---

① 这些具体领域包括：政治、经济、文化、军事、外交、社会、科技等。

入研究值得期待。

（3）国家形象传播研究丰富，思路仍需拓展

国家形象行为主体本身的行为过程和行为表现以及媒体的传播是建构形象的主要过程（刘继南、何辉，2008）。传播是国家形象研究的一个重要方面，在143篇国家形象构筑研究的文献中，仅以传播为主题进行的研究就有47篇之多。

从传播学的角度来看，国家形象是一个由传播主体、信息传播过程和目标公众构成的互动系统（董小英等，2008）。全球化时代的国家形象呈现多元化、多层次的特点，与之相适应的国家形象传播主体也应该吸纳社会各层面的力量，实现有效的"主体下移"（程曼丽，2007；冯惠玲、胡百精，2008；刘康，2009）。如何实现政府主导与民间声音的聚合是未来需要解决的问题。信息传播过程的研究是现有文献的主要着眼点，包括传播渠道、策略、内容、机制等方面。其中，大众传媒以其传播范围广、受众数量多、传播速度快的特点成为国家形象塑造、提升的重要途径，是学者们研究的重点。然而，以美国为代表的西方国家占据着全球媒体资源的绝大部分，在国家利益、价值观、意识形态等因素的影响下，西方主流媒体对中国的报道更多集中在负面议题上（涂光晋、宫贺，2008），造成了中国国际形象的负面刻板印象。美国皮尤研究中心2010年6月公布的全球民意调查报告显示，大多数接受调查国家的公众对中国的态度保持基本不变，在美国和西欧，不足一半的调查者对中国持积极态度，大多数德国人（61%）和法国人（59%）对中国持消极态度。因此，有学者提出加强国家形象传播新途径的建设，比如人际接触与沟通（何辉，2006）、以网络和手机为载体的新媒体（管成云、郝朴宁，2010），但是关于新型传播渠道系统深入的研究还很匮乏。信息化时代，以信息共享、去中心化、多极化为标志的Web 2.0网络传媒（刘康，2009）作为国家形象传播新方式的研究亟待拓展。国家形象传播机制的研究着重探讨大众传播过程中议程设置、刻板印象对目标公众的影响，缺乏深层次的机理分析。从传播机制的角度探索、论证、亲身体验等传播新途径也是后续研究国家形象的一个重要思路。

对传播客体的关注主要表现在学者们对不同地区受众所感知的中国

国家形象的解读，是一个整体的、抽象的客体研究视角。传播过程虽然是发生在传播主体和客体之间，但是这一过程并不是孤立存在的，无论是传播主体还是客体都嵌入在一定的社会背景中，目标受众所处的社会网络、文化等背景因素必然影响其国家形象的感知。有学者注意到跨文化传播中国国家形象的媒体误读问题，并提出相关建议（党芳莉，2009）。但审视传播客体所处的具体社会背景，并基于社会网络、文化等背景因素对国家形象传播进行研究的文献还没有发现。

（4）文化成为国家形象研究的重点，但缺乏系统深入的整合研究

文化是构成国家形象的重要精神要素，是共同的民族文化背景所塑造、陶冶而成的共同的基本人生态度、情感方式、思维模式、思考途径和价值观念等方面组成的总体结构（管文虎，1999）。从文化视角对中国国家形象的解读和构筑一直是国家形象研究的重点。"当今时代，文化越来越成为民族凝聚力和创造力的重要源泉，越来越成为综合国力竞争的重要因素。"十七大报告关于文化软实力的阐述，进一步激起各界对文化研究的热情。多数学者认同文化传播是塑造国家形象的重要手段，并提出对外文化传播过程中的具体措施，但是很少追问通过文化传播达成国家形象认同的内在机制，缺乏系统的、有针对性的方法论指导和文化传播体系搭建的研究。曾经灿烂辉煌的中国文化如何实现提升国家形象的历史使命，中国独具特色的传统文化如何与世界普适价值观相融合，进而形成世界范围的影响力等一系列命题，都有待于未来研究的解答。

2.1.2 营销学领域的国家形象界定

在营销学领域，国家形象的概念与原产国的研究紧密相连，由人们的产品原产国刻板印象逐步演化发展而来（Parameswaran & Pisharodi，1994）。尽管关于国家刻板印象和国家感知的文献可以追溯到 20 世纪30 年代，但是 Brijs 等人（2011）认为真正引领营销学者开启和关注原产国研究的是 Dichter（1962）所提出的关于"世界消费者"的观点，一方面当时的学界已经注意到产品符号在解释消费者购买行为中所扮演的重要角色（Levy，1959），另一方面是愈演愈烈的全球化经济背景带来的跨国市场挑战，"世界消费者"的观点恰好联结以上两个研究热

点，从而推动原产国研究蓬勃发展。

早期的原产国研究主要侧重于消费者对来自不同国家的产品在评价、态度和购买倾向上的差异（Kan et al.，2014）。比如，Nsgashima（1970）比较了美国消费者和日本消费者对来自美国、日本、德国等五个国家产品的态度，发现无论是美国消费者还是日本消费者都对五个国家的代表性产品、产自五个国家产品的评价和选择偏好呈现出鲜明的态度差异，而且两国消费者的态度也存在不同。在此基础上，Nsgashima提出"原产地"形象是消费者附加在来自特定国家产品身上的图像、声誉或者刻板印象，其形成与该国的代表性产品、民族特性、政治经济背景和历史传统等变量有关。此后，随着原产国研究的不断发展，更为复杂的原产国形象概念得以提出，通过实证测量消费者感知的国家形象，研究者可以进一步分析解释为什么消费者对来自不同国家的产品存在评价和偏好上的差异。此外，也有学者注意到国家形象对组织购买（Heslop et al.，2004）和投资地点的影响（Wee et al.，1993）。

Roth and Diamantopoulos（2009）全面梳理回顾相关营销学文献，发现其中关于国家形象的界定有三十余种之多，而根据研究所关注的形象客体不同可以划分为三类。

（1）产品形象

这类定义关注消费者对来自特定国家的产品的感知，并且依产品类别不同而不同（Han，1987），将国家形象等同于产品形象，如上述Nsgashima（1970）所提出的"原产地"形象就属于这种类型。

（2）产品-国家形象

这类定义关注作为产品来源的国家的形象，既指向产品形象又涵盖产品所在国家的形象，如 Knight 和 Calantone（2000）认为，"原产国形象反映消费者对特定国家生产产品的质量和该国民众禀性的感知"。

（3）国家形象

该类定义关注国家的总体形象，认为其形成受经济、政治、历史事件、文化等广泛因素影响，而不仅仅是有代表性的产品，比如 Koteler et al.（1993）认为，"形象是人们对某地所持有的信念、观点和印象的总和，代表与该地相关的大量联系和信息的简化"。

这一国家形象概念的类别划分，既与此前的相关研究一致①，又得到后续研究的共识②。Lopez et al.（2011）在此基础上对国家总体形象概念（Overall country image）进一步区分，分别是：第一种，OCI 作为公众脑海中关于特定国家的感知、图片和印象；第二种，OCI 被定义为认知结构；第三种，OCI 被界定为认知和情感网络结构。本书依据 Lopez et al.（2011）的划分，对有代表性的文献进行梳理，详见表 2-2。

表 2-2 中，产品形象（PI）定义大多出现在早期的研究中，基本分布于 20 世纪 90 年代之前的研究中，产品-国家形象（PCI）的概念界定最早由 Papadopoulos & Heslop（1993）明确提出，在此后的原产国研究中一直应用较为普遍，而近期的研究则较多采用更加宏观的国家形象（CI）定义。这种从产品形象逐渐发展为国家形象的研究趋势，或许可以理解为，原产国效应研究在解答"国家对于消费者到底意味着什么"这个问题时，正逐渐剥离产品的影响而关注一个更宏观的背景，即国家整体形象的作用。

目前原产国研究中关于国家形象定义的分歧主要表现在对"产品-国家形象"这一术语是否能真正反映其内涵的不同见解。有学者认为产品-国家形象这一定义本身包含了两个在概念上本应完全区分的概念——产品形象和国家形象（O'Shaughnessy & O'Shaughnessy，2000；Maher & Carter，2011）。为避免误解，一些学者提出以产品-国家形象作为涵盖产品形象和国家形象的整体概念（Häubl，1996；Hsieh et al.，2004；Knight & Calantone，2000；Martin & Eroglu，1993；Thakor & Kohli，1996），而以国家形象代表消费者所持有的与特定国家及其居民相联系的任何事物（Brijs et al.，2011）。

① HSIEH, M H, PAN S L, SETIONO R. "Product-, corporate-, and country-image dimensions and purchase behavior: a multicountry analysis" [J]. Journal of the Academy of Marketing Science, 2004, 32 (3): 251-70.
MOSSBERG L, KLEPPE I A. Country and destination image: Different or similar image concepts? [J]. Service Industries Journal, 2005, 25 (4): 493-503.
② LOPEZ C, GOTSI M, ANDRIOPOULOS C. Conceptualising the influence of corporate image on country image [J]. European Journal of Marketing, 2011, 45 (11): 1601-1641.
BRIJS K, BLOEMER J, KASPER H. Country-image discourse model: Unraveling meaning, structure, and function of country images [J]. Journal of Business Research, 2011, 64 (12): 1259-1269.
KAN G, CLIQUET G, GALLO M P. The effect of country image on hypermarket patronage intention A cross-cultural study in China and Spain [J]. International Journal of Retail & Distribution Management, 2014, 42 (2): 106-130.

表 2-2   **国家形象的概念分类**

界定方式	典型表述	文献列举
产品形象：国家形象被定义为与之相连的产品形象	"原产国形象是商人和消费者附加在来自特定国家产品身上的图景、声誉和刻板印象"	Nagasgima（1970，1977）；Narayana（1981）；Han（1989，1990）；Roth & Romeo（1992）
产品-国家形象：产品形象和国家形象作为两个独立但相关联的概念组成	"原产国形象反映消费者对特定国家生产产品质量和该国民众禀性的感知"	Li et al.（1997）；Knight & Calantone（2000）；Jaffe & Nebenzahl（2001）；Papadopoulos &Heslop（2003）
国家总体形象：由多种因素而不仅仅是产品影响的更广泛的概念	"是组织或消费者对特定国家的感知，这一感知建立在该国的经济、政治、文化、与他国的冲突、劳动力水平和对于环境问题的立场"	Kotler et al.（1993）；Martin and Eroglu（1993）；Askegaard and Ger（1997）；Desborde（1990）；Allred et al.（1999）；Verlegh（2001）；Gertner & Kotler（2004）；Brijs et al.（2011）；Kan et al.（2014）
公众脑海中关于特定国家的感知、图片和印象	"出现在消费者脑海当中的一个国家的完整的印象"	Desborde（1990）；Allred et al.（1999）；
认知结构	"个体对特定国家所持有的描述的、推理的、信息的信念总和"	Kotler et al.（1993）；Martin & Eroglu（1993）；Gertner & Kotler（2004）
认知和情感网络结构	"与特定国家相连的情感和认知联想组成的思维网络结构"	Askegaard & Ger（1997）；Verlegh（2001）；Brijs et al.（2011）；Kan et al.（2014）

资料来源：作者根据 Lopez et al.（2011）和 Roth，Diamantopoulos（2009）修改整理.

国内营销学界对国家形象和原产国形象的定义也存在不同的界定，比如李东进等（2008）认为国家形象是"消费者对特定国家及其产品的总体知觉"，该定义属于产品-国家形象层面；张宏梅、蔡利平

（2011）则明确以国家形象反映国家的整体形象，以原产国形象作为原产国研究中所有不同形象定义的总称。

国家形象的概念界定虽然还存在不同的观点，但是原产国形象的主流研究基本认同其态度理论基础，并据此对国家形象的态度构成进行探索和分析。从整体上看，相对于较为普遍的从认知角度进行的国家形象研究，引入情感维度，以认知-情感两维结构支撑的相关文献还较为有限。不过，随着国家情感对消费者购买行为的直接影响被不断证实，近几年，从认知和情感构成两个维度进行相关国家形象研究已经成为一种趋势。

2.2 国家形象的影响因素

国家形象是人们对特定国家所持有的印象总和。如同产品的品牌名称，国家形象包含着与该国相关的丰富联想，蕴含着大量事实和情感信息（Papadopoulos & Heslop，2002）。相对于产品的品牌形象，国家形象的形成更为复杂，是在多元主体空间中进行持续的互动式型构、补充、播撒以及混融（刘刻，2009），可来源于它的地理、历史、传媒、艺术以及著名人物等，不一而足（汪涛、邓劲，2010）。本书通过对国内外相关文献研究目的和研究重点的梳理，发现国家形象形成的影响因素研究有以下几个集中度较高的主题：大众传播、影视作品、重大事件、公共外交、企业和产品。

2.2.1 大众传播

从传播学的角度来看，国家形象是一个由传播主体、信息传播过程和目标公众构成的互动系统（董小英等，2008）。绝大多数目标公众并没有构建形成特定国家形象的一手数据，"他们通过大众传媒感知特定国家形象，尤其是电视新闻和报刊文章"（Lippmann，Public opinion），而大众传播跨越地区限制而呈现的画面或者图片就成为他们形成国家形象的重要信息来源（Smith，1973）。大众传媒以其传播范围广、受众数量多、传播速度快的特点成为国家形象塑造、提升的重要途径，众多学者围绕这一国家形象形成的重要影响因素展开研究。比如，薛可、余明阳（2008）以汶川地震报道为文本探讨国家形象塑造中的媒体角色。

同时，学者们也注意到大众传媒传播国家形象信息的同时也对目标公众形成特定国家形象的方式施加影响，因为"正是大众传媒传播了有关外国信息的大部分"（Kunczik，1996）。涂光晋、宫贺（2008）基于"议程设置"理论分析大众传媒影响公众国家形象感知，发现由于以美国为代表的西方国家占据着全球媒体资源的绝大部分，在国家利益、价值观、意识形态等因素的影响下，西方主流媒体对中国的报道更多集中在负面议题上，并最终建构形成中国国际形象中的负面刻板印象。

2.2.2 影视作品

作为一种自发性信息来源（Gartner，1993），影视作品不仅能够把关于某一国家或地区的大量信息呈现在众多的观众面前，而且能缓慢渗透，往往在观众无意识的情况下，经由移情和共感的心理作用过程，形成、加强或改变观众心目当中特定国家或地区的形象（Hahm et al.，2008；魏宝祥，2007；）。通过消费电影、电视剧等流行文化产品，人们会在自己的脑海里创建一个特定的形象，正如很多亚洲人都认为西方社会更自由，亚洲文化更保守，而对西方国家的这一印象就来源于美国电影和电视剧（Sung，2010）。

20世纪90年代，西方一些学者开始关注影视作品对地区形象的影响，Riley 和 Van Doren（1992）最早明确提出以电影构建旅游目的地新形象，此后，人们对这一领域的研究日益深入和广泛。Kim 和 Richardson（2003）研究了电影《日出之前》对主要拍摄地奥地利维也纳形象的影响，结果发现影片不仅能显著地影响观众对维也纳的认知形象和情感形象，还能激发观众前去维也纳旅行的兴趣。Connell 则发现 BBC 热门儿童剧《Balamory》给拍摄地苏格兰小镇马尔岛带来巨大的无形收益，不仅提升了该地的知名度，而且大约40%的当地旅游运营商认为这个儿童电视节目给旅游者呈现了一个积极的当地形象。

20世纪90年代晚期，韩国影视作品风靡中国，进而席卷亚洲很多国家和地区，如日本、新加坡、泰国和中国台湾（Li，2005），人们把韩国电视剧、电影、音乐、服饰等流行文化在中国的爆发式流行称为"韩流"（Kim et al.，2010）。进入 21 世纪，韩流影响力持续增强，扩展至中东、美国和欧洲（Cha & Kim，2011）。一些学者针对这一现象展开研究。Sung（2010）采用民族志学研究方法，通过对韩流在中国台湾产生、发展的过程和韩国政府的推动进行分析，发现此前中国台湾民众由于历史和政治立场的不同而对韩国持有的负面印象在韩国流行文化的影响下而发生改变。而且，不仅在中国，很多受韩流影响的国家都重新构建了韩国国家形象，认为韩国是一个先进的、现代化的、国际化的国家，这得益于韩国流行文化中所描绘的形象。在旅游营销领域，韩流对目的地形象的影响也得到了验证。Kim et al.（2007）研究了韩国电视剧《冬季恋歌》对日本游客的影响，发现该剧集给日本经济和文化带来巨大影响，不仅提升了日本赴韩旅游的人数，而且日本观众的韩国形象感知发生了积极的改变，其中年长人群改变最大，这一结果与之前一些报纸杂志报道一致，即中年以及更年长的女性受韩流影响最大。

虽然很多研究都证实影视作品对国家（或地区）形象具有积极的影响，是构建国家形象的重要手段（Kim et al.，2007；Kim et al.，2010；Sung，2010；刘力，2013），但是也有一些学者关注到影视作品对国家形象（或地区）产生的负面影响。Kim 和 Richardson（2003）发现尽管一部电影能够显著影响观众对影片中所描绘的地区的印象，但是这一影响具有积极和消极两个方面。重要的是，研究显示要想去除影片所建立的不想要的形象可能非常困难（Rockett，2001；Beeton，2004；Brereton，2007）。

2.2.3　重大事件

重大事件是吸引国际社会高度关注，对主办国家和地区具有广泛影响力的重大政治、经济、文化和体育等活动（law，1993）。国家形象是人们获取关于特定国家一系列信息后所形成的印象，这种印象取决于人们听到、看到和接触到的信息（董小英，2005）。在大都市委员会关于《重大事件对大城市影响》的专题报告中所确立的标准，重大事件所具有的吸引大量游客和吸引国际媒体报道两个重要特点（王永嘉，

2005），使其成为短时间内向世界范围内的目标公众传递形象信息的有效方式，是提升、改变国家形象的良机。现有研究显示，重大事件会对举办地的政治、经济、社会文化、物质和环境产生影响，其中无形的影响包括由事件所激发的居民自豪感，以及对当地形象、声誉所造成的长期影响等（John Allen，2002；Getz，1997）。

作为一种"世界语言"，体育赛事是地区形象形成、改变和品牌化的重要影响因素，尤其是举办大型体育赛事（Getz，2003；Higham & Hinch，2009）。尽管重大事件包含多种类型，但是人们已经越来越意识到体育重大事件对国家形象的潜在的重大影响，如奥运会和世界杯（Anholt，2007；Gibson et al.，2008；Higham & Hinch，2009；Florek & Insch，2011；Heslop et al.，2013）。

Knotta et al.（2015）以 2010 年南非世界杯为例，研究发现，由于游客、市民和国际商业组织在体育重大事件中的参与和经历，他们对举办国有了更多的了解，从而建立起更加真实的地区形象，这一新的形象感知将有助于举办国在旅游业中建立竞争优势和吸引投资。而在这一过程中，有两个关键影响因素，分别是媒体（包括传统媒体和新媒体）和当地居民的作用。一方面，国际媒体对 2010 年南非世界杯的关注不但增加公众对南非的了解，而且在一定程度上改变了南非的负面形象；另一方面，世界杯也为南非带来众多非传统市场的初访游客，这些首次踏上南非的游客在与当地居民接触的经历以及在这个过程中所感受到的当地居民的民族自豪感成为影响国家形象感知的重要因素。

2008 年北京奥运会、2010 年上海世博会、2012 年广州亚运会等重大事件的成功举办也给我国学者关于国家形象的研究提供了重要契机，相关研究显著增加（曾国军等，2011；董小英等，2005；曾军，2010；郭可、吴瑛，2010）。曾国军等（2011）对美国、英国、德国、法国等九个国家的电视媒体报道有关中国的新闻进行定量内容分析，研究发现重大事件能够激发国际媒体对举办国的兴趣，有助于举办国国家形象清晰化，2008 年北京奥运会促进了海外媒体和公众对中国的理解，但奥运会后中国的国际形象并没有显著改善。相似地，郭可、吴瑛（2010）

以上海世博会举办期间 15 个国家的 29 份主流报纸为研究对象，同样证实了重大事件对中国国家形象提升的有效性和有限性。

与上述研究关注重大事件对国外公众的国家形象感知影响不同，Chen（2012）以 2008 年北京奥运会、2010 年上海世博会、2012 年广州亚运会为背景，研究发现重大事件同样影响国内公众的国家形象感知，人们倾向于把事件形象尤其是其中积极的一面与国家形象建立联系，在一系列有可能加强或减弱这一联系的因素中，公众对重大事件参与程度是最显著的因素。

2.2.4　公共外交

"公共外交"的概念由美国学者埃德蒙德·古利恩于 1965 年提出，相对而言，公共外交的实践历史更加悠久。早在第一次世界大战期间，美国政府就已经建立公共信息委员会，有意识地了解、收集和引导其他国家的舆论，此后，公共外交作为影响国外公众对美国认知、提升美国国家形象的重要手段在冷战时期发挥越来越重要的作用（Nye，Joseph，2008）。近年来，公共外交这一以维护国家利益、提升国家形象为目的的政府公共关系活动，应用日益普遍。

1987 年，在美国国务院颁布的《国际关系术语词典》（Dictionary of International Relations Terms）中，"公共外交"被定义为："由政府发起交流项目，利用电台等信息传播手段，了解、获悉和影响其他国家的舆论，减少其他国家与民众对美国产生错误观念，避免引起关系复杂化，提高美国在国外公众中的形象和影响力，进而增加美国国家利益的活动"（高飞，2005）。我国学者唐小松、王义桅（2005）提出公共外交是"一国政府为提升本国的国际形象而开展的针对他国公众的公关活动，是一种在国外培植信任和理解的有效工具"。学者们对公共关系的界定虽然各有侧重，但是对公共关系提升国家形象、促进国家利益的目的基本形成共识。公共外交的内容十分丰富，涵盖"政府对政府外交"以外的各种对话方式（赵启正，2009），特别是在信息、教育和文化领域（Malone，1988）。

Cull（2008）将公共外交的内容划分为五种类型，分别是：倾听、倡导、文化外交、交换外交和国际广播。其中，作者认为倾听是其他公共外交实践的基础，需要优先考虑。因为通过收集整理有关国外公众及其观点的数据，管理者可以把握国际环境，并使用这些数据调整自己的政策或者之后更广泛的公共外交实践。虽然倾听的运用在公共外交实践中还非常有限，如美国新闻署官员 Edward R.Murrow 所说，"只是刚刚起飞"，但是 Cull（2008）通过对 2000—2007 年瑞士品牌化战略的系统分析，发现倾听研究是瑞士扭转形象危机，成功在国际社会赢回受尊重形象的关键。隶属于瑞士联邦外事部门的机构——PRS（Presence Switzerland），首先在关键目标国家进行现有瑞士形象的调查，这些数据被用来决定采取和加强必要的措施来重新定位瑞士在特定公众心目中的形象。接下来的调查被用来评估实践操作和产生下一阶段的调查。调查被证明是一个识别瑞士形象差异和存在问题的有效机制。

　　教育领域的交流是公共关系的重要内容，在提升国家形象方面一直扮演着重要的角色（Nye，Joseph，2002）。Nancy Snow（2008）回顾了美国政治经济学学会年鉴中四个关于国际留学生交换和美国形象的专题（295 卷：外国人眼中的美国；335 卷：日益增加的国际教育需求；424 卷：个人国际交换重新评估；491 卷：富布莱特项目和学术交换），结果发现，尽管近年来人们才开始使用复杂的工具来评估国家形象，但是国家形象的重要性却早为人知，美国每一阶段的留学生交换都与当时国家形象的诉求紧密相关，而且留学生交换仍然是今天美国在反恐战争中传递美国价值观、强化美国形象认知和理解的有效途径。我国学者彭文平（2015）发现 20 世纪 80 年代日本就已经着手通过"留学生 10 万人计划"来加强日本与国际社会的联结。进入 21 世纪，在亚洲成为世界经济新中心的背景下，日本"重返亚洲"，又开启"留学生 30 万人计划"，从入学前加强留学生对政策的了解和理解，到留学期间丰富、多样化援助活动和交流项目，再到回国后的跟踪服务，着力打造日本亚洲门户的形象。

　　2008 年开始，我国学者越来越重视公共外交对国家形象的影响，其中基于中国悠久灿烂的传统文化，以文化交流拓展提升国家形象成为一个重要的研究方向。孔子学院因其传播中国文化、提升国家形象的办学宗旨成为学者们研究的热点（吴晓萍，2011；叶隽，2010；吴瑛，2012）。吴晓萍（2011）针对麻省大学波士顿分校和布莱恩特大学的两家孔子学院的"星谈"暑期班，进行实地问卷调查，结果显示经过学习，学员们对"中国"和"中国民众"的总体评价都呈现质量和数量上的正向改进，说明孔子学院的语言教学和文化传播对于提升中国形象是有积极作用的。陈先红（2008）通过个案研究，认为可以利用"过春节，吃饺子，庆团圆"这一中华民族延续千年的文化习俗，塑造文化中国国家形象。

2.2.5　企业和产品

关于国家形象作为产品来源的背景影响着消费者对产品的评价和购买意向，即原产国效应，此方面的研究是近 40 年来国际市场营销最重要的研究领域之一（Tan & Farley，1987；Peterson & Jolibert，1995）。尽管很多研究习惯上将国家形象和产品的关系描述为单向的，但是也有一些学者已经通过实证或概念模型证明产品形象并不仅仅受国家形象影响，而且也会影响国家形象。Han（1989）建立两个具有因果关系的模型表示国家形象的晕轮效应和累积效应，其中累积效应（Summary Construct）即用来解释产品形象对国家形象的反向作用，首先消费者购买且使用来自某一特定国家的产品，并对产品本身具有良好的体验和感知，进而会将这种良好的产品印象作为评价和判断该国的线索，与其原产国建立某种联结。随后 Li et al.（1997）提出国家形象和产品形象之间具有同时存在的双向因果关系。他们认为国家形象影响产品形象的同时，消费者对特定国家的产品的感知累加是形成其国家形象的一个方式。Jaffe 和 Nebenzahl（2001）对 Han（1989）的早期研究的结论进行了概念发展，他们提出一个动态模型，认为晕轮效应和累积效应可以同时发挥作用，而且消费者的国家形象会随着该国产品消费的经验发生改变。然而，Heslop 和 Papadopoulos（1993）认为产品形象和国家形象之间的双向影响并不总是那么明显，对特定国家某一个方向的影响相比另外一个方向也许更具主导性。

Bernstein（1984）是最早发现国家形象对公司形象具有影响的学者之一，这一论点得到后续研究的验证和拓展（Dowling，1988；Dowling，1993；Balmer & Gray，2000）。但是，企业形象对国家形象的影响研究在企业品牌化、地区品牌化和原产国效应领域还是非常有限的。Dowling（1994，2001）是少数致力于国家形象和企业形象相互关系的学者之一，他提出"形象网"的概念，认为企业形象不仅受国家形象影响，而且往往会影响国家形象。Anholt（2000）发现企业是影响国家形象的重要因素，作者强调诸如现代、大宇、三星和 LG 等企业在韩国形象提升中所扮演的关键角色。Dinnie（2008）认为一个国家的企业是国家品牌的决定因素，Van Ham（2008）甚至提出在一些情况下，企业形象与国家形象可以互相替代，就像可口可乐之于美国、索尼之于日本。

林锡俊等（2007）用"连带效应"的心理过程解释产品形象对国家形象的影响，进而认为在华韩国中小企业的社会责任缺失在一定程度上影响着中国公众对韩国企业和韩国的评价[①]。

2.3 国家形象和目的地形象

2.3.1 国家形象和目的地形象的关系

经济全球化发展带来生产和消费的全球化，面对越来越多来自世界工厂的国际产品和品牌，消费者的购买和消费行为逐渐成为一个学术界研究的重点领域。伴随着 20 世纪 60 年代原产国效应的提出，作为消费者评价和选择的重要线索，国家形象的研究不断扩展和丰富。与此同时，在旅游营销领域，从 1971 年 John Hunt 的研究开始（Pike，2002），目的地形象的研究历经近半个世纪的发展而日渐成熟，在目的地形象的概念结构、测量、形成和对旅游消费者影响等方

---

① 作者引用 2004 年韩国贸易投资促进会（KOTRA）一项来自 70 个国家的 9 939 份问卷调查汇总。结果表明：对韩国企业整体印象给予正面评价者高达 60.6%，而持负面评价者仅为 4.9%；在持负面评价的问卷中，中国人多达 47.1%，仅次于日本人（66.6%），也有 10.3% 的中国人对韩国持有负面评价（KOTRA，2004）。

面也取得了较为丰硕的成果（沈雪瑞、李天元，2013）。正是基于国家形象和目的地形象在各自领域的研究累积和发展，使得二者的联结成为可能。

其一，两个领域越来越多的研究指向国家形象和目的地形象共同的理论基础——态度理论。虽然对于概念界定还存在三种不同的观点，但是近年来原产国效应的主流研究基本认同国家形象是消费者对于产品（或品牌）原产国的一种态度，这种态度不仅是消费者对产品（或品牌）来源国的认知，还包含相应的情感成分（Roth & Diamantopoulos）。而在目的地形象研究领域，越来越多的研究者接受了基于态度理论的目的地形象"认知–情感"结构模型，即目的地形象包括认知形象和情感形象，并在此基础上进行了一系列深入而系统的研究（张静儒等，2015）。

其二，两个领域都将地区形象对消费者行为的影响作为研究重点，并取得了极为相似的结论。在国际市场营销领域，原产国形象对消费者购买行为影响的研究汗牛充栋，在显著影响的一致认同下，学者们从组织消费者（Dzever & Quester，1999）、原产国的发展水平（Ness & Bilkey，1993）、民族优越感（Shimp & Sharma，1987）和民族仇视（Klein，Ettenson & Morris，1998）等角度对原产国效应的验证不断深入和拓展。在旅游营销领域，目的地形象对旅游者消费行为影响的研究也一直是该领域的重要主题，与原产国形象影响国际产品和品牌的消费行为相类似，大量研究成果都证实目的地形象的影响贯穿于游客旅游消费体验的整个过程，包括游前的选择决策到游后的满意与否、重游意向和推荐意愿等（沈雪瑞、李天元，2013）。

综上，国家形象和目的地形象研究虽然在近半个世纪的发展历程中并没有太多的交集，但是基本达成共识的态度理论基础以及高度相似的研究主题和结论成为两个领域联合研究的前提和背景。

近些年，学者们倾向以一个更宽广的视角，将目的地形象（TDI）和产品–国家形象（PCI）作为国家整体形象（GCI）的组成部分展开研究（Elliot et al.，2011），这一转变为探索国家形象和目的地形象的关系拉开序幕。

Mossberg 和 Kleppe（2005）从形象客体的角度分别建立国家形象概念模型和目的地形象概念模型。其中，国家形象客体分别是国家、产品类别和特定产品。如图 2-3 所示，国家形象是模型中最一般意义的概念，涉及一国的政治、经济、文化、国民等多重属性，而国际市场营销只是与该概念相关的若干设定之一；接下来，是与某一产品类别相连的国家形象，即产品-国家形象，可以看作是总体国家形象的一个次级单元；最后一个层次的国家形象与特定产品价值链环节相联系，包括生产制造国、设计来源国、品牌来源国以及公司总部所在地。

形象客体：

国家　　　　　　　　　　　　　　国家形象

产品类别　　　　　　　　　　　产品国家形象

特定产品　　　生产地　　　设计　　　品牌　　　总部驻地

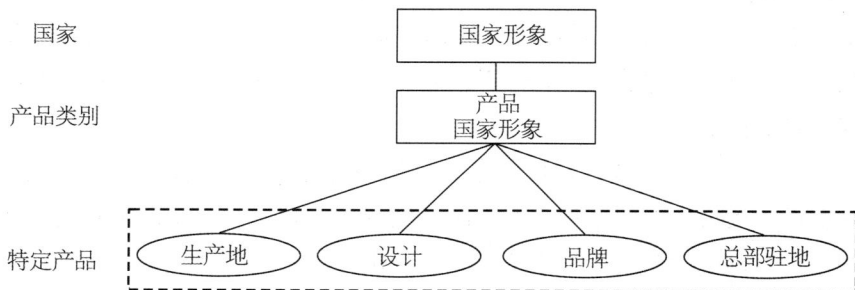

图 2-3　国家形象概念的层次框架

资料来源：Mossberg L，Kleppe I A.Country and destination image：Different or similar image concepts？[J]．Service Industries Journal，2005，25（4）：493-503.

类似地，目的地形象概念模型也包括一个整体的、抽象的形象层次，只是在空间尺度上并不限定为国家，可以是地区、城市，以及与之相联系的特定旅游景点（吸引物），如图 2-4 所示。尽管从空间范围上看，目的地形象客体的划分还有不同的观点[①]，不过显然当目的地形象研究定位于特定国家时，二者的客体存在一定程度的重合。

基于以上两个概念层次框架，两位作者认为国家形象和目的地形象的客体基本是重合的，各个层次之间可以建立对应的联系，如图 2-5 所示。在一般意义上，国家形象与目的地形象相呼应，而且目的地形象也会与该地区的典型产品类别相连，比如无论是作为国家形象还是目的

---

① 张宏梅、蔡利平（2011）认为目的地形象可以由大到小划分为三个层次：国家、地区和城市（或乡村）；张静儒等（2015）认为目的地形象从空间尺度上大致可以分为 4 个层级：国家尺度，区域尺度（州、省），地区、城市尺度以及景区尺度。

形象客体：

一般形象客体

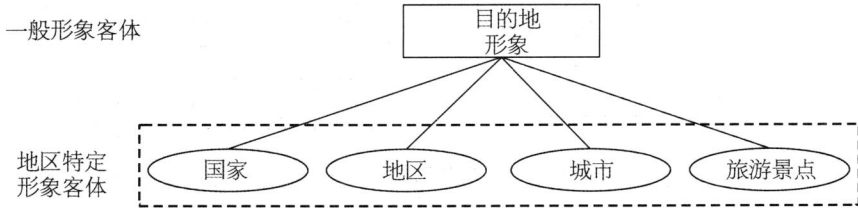

图 2-4　目的地形象概念的层次框架

资料来源：Mossberg L，Kleppe I A.Country and destination image：Different or similar image concepts？［J］．Service Industries Journal，2005，25（4）：493-503.

地形象，法国的总体形象都是时尚的、浪漫的，并且一提到法国往往会联想起法国时装；同时，游客对法国品牌路易威登的认知则会强化与旅游景点的联系。

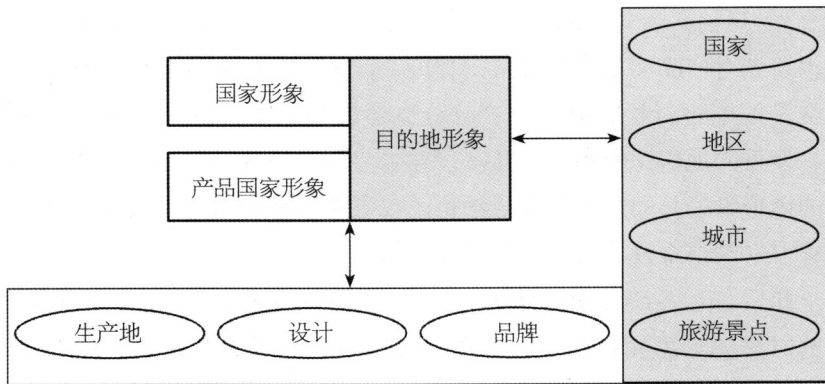

图 2-5　国家形象和目的地形象概念的整合模型

资料来源：Mossberg L，Kleppe I A.Country and destination image：Different or similar image concepts？［J］．Service Industries Journal，2005，25（4）：493-503.

同样是针对形象客体的研究，虽然与 Mossberg 和 Kleppe（2005）关于国家形象和目的地形象概念的层次框架的观点不同，张宏梅、蔡利平（2011）认为目的地形象的客体（目的地产品）主要对应原产国形象中产品形象的客体（产品），因为目的地形象的态度主体是旅游者，是一种特殊类型的消费者，如图 2-6 所示。

与张宏梅、蔡利平（2011）的观点相近，Elliot et al.（2011）将目的

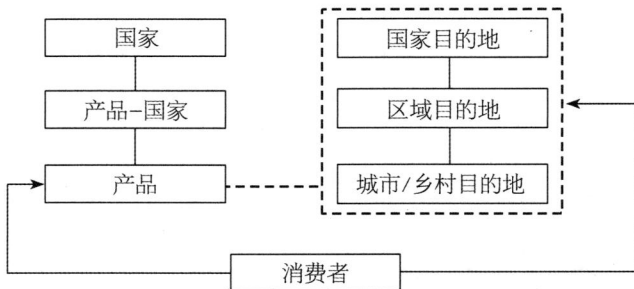

图 2-6   国家形象和目的地形象的客体差异

资料来源：张宏梅、蔡利平. 国家形象与目的地形象：概念的异同和整合的可能 [J]. 旅游学刊，2011（9）.

地形象和产品形象并列置于国家整体形象的背景下，以消费者对日本和美国的态度为研究对象，运用实证研究检验了国家形象与目的地形象和产品形象的关系。研究发现，国家认知形象分别通过产品信念和目的地信念①影响消费者对产品和目的地的接受程度，国家情感形象则直接影响消费者对产品和目的地的接受程度。此外，对产品信念和目的地信念的交叉影响进行检验显示，产品信念会影响消费者对目的地的接受程度，但目的地信念的影响不显著。作者将国家整体形象作为产品形象和目的地形象的共同背景的实证结论不仅有助于理解三者的关系，而且为国家形象的整合营销实践提供了理论依据②。

此后，相关研究继续拓展。在 Zeugner-Roth 和 Žabkar（2015）开发的原产国形象和目的地形象整合模型中，如图 2-7 所示，引入了原产国形象和目的地形象共有的，与认知成分、情感成分并列的第三个维度——个性特征；在因变量部分，增加了地区营销中对投资目标市场的关注。该模型整合两个领域的研究趋势，分析了三个维度在以下领域行为倾向的相对重要性，分别是购买产品和服务、出国旅游以及与国外公司进行贸易往来。从作者所构建的这一整合模型可以看出，无论是传统意义上的产品–国家形象还是目的地形象，都可以作为更

---

① 在针对美国的研究部分，国家认知形象仅影响产品信念，对目的地信念的影响不显著。
② Dinnie（2008）指出南非正在通过开发"母品牌"与旅游和商业子品牌的关系，进而界定国家品牌架构，冰岛、新西兰也在致力于建立一个整合的地区品牌形象，但因缺乏相关的知识和技巧而遭遇很大的挑战。

加宏观和抽象的国家形象的一个特殊视角，即面对特定的国家客体，不同态度主体因其行为倾向而形成各有侧重的国家认知、国家情感和国家个性的感知。张静儒等（2015）在已有研究将国家形象作为目的地形象前因的基础上，以中国大陆为案例地，对国家形象和目的地形象的双向关系进行实证检验，结果发现国家形象显著正向影响目的地形象，进而间接影响游客忠诚度，而且目的地形象同样具有对国家形象的显著正向影响。

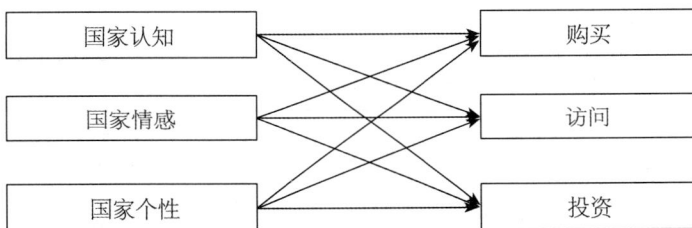

图 2-7　原产国形象和目的地形象的整合模型

资料来源：Zeugner-Roth K P，Žabkar V.Bridging the gap between country and destination image：Assessing common facets and their predictive validity ［J］．Journal of Business Research，2015，68（9）：1844-1853.

2.3.2　目的地形象的形成

在旅游目的地形象研究领域，目的地形象的形成是重要的研究主题之一（Pike，2002）。目的地形象源于潜在游客对旅游地的信息感知（杨杰等，2009）。Gartner（1993）认为目的地形象的形成过程可以被看作是一系列动因或信息来源分别作用于个体的大脑而形成一个形象的过程。他把这些信息来源分成五种类型：（1）公开的诱导信息，比如大众传媒上的传统广告或由目的地旅游管理者、从业者发布的信息；（2）隐蔽的诱导信息，如目的地促销中的名人、报告和稿件；（3）独立的、自发的信息，包括关于地点的大众媒体，如新闻广播、杂志、电影、电视节目等；（4）组织信息，指的是朋友、亲戚根据自己的知识或经历而提供的关于目的地的信息；（5）亲身体验。

Baloglu 和 McCleary（1999）通过文献梳理，发现学者们普遍认为目的地形象的形成受到个体因素和刺激因素的影响，由此得出目的地形象形成的整体模型，如图 2-8 所示。在此基础上，运用实证研究对刺激因素（信息来源的数量和类型）和个体因素（包括年龄、教育水平和社会心理学动机）对目的地形象的影响进行检验。结果显示，信息来源的数量和信息来源类型中的口碑传播对认知形象有显著正向影响；广告仅对认知形象中的"价值/环境"因子有显著正向影响，其余信息来源类型没有通过检验；社会心理动机中的"放松/逃避"因子显著正向影响情感形象；而年龄和教育水平则仅显著影响认知形象，且为负相关。

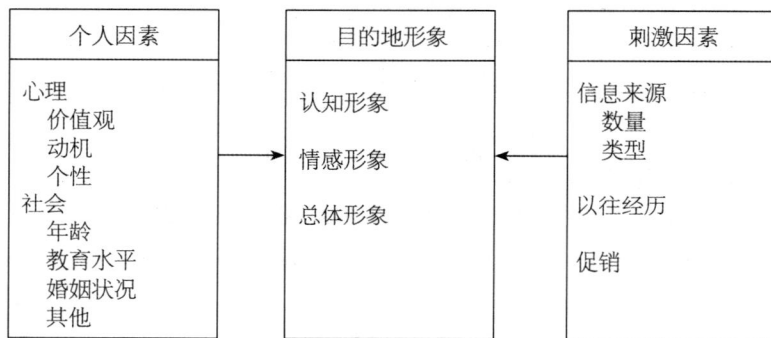

图 2-8　目的地形象形成的整体框架图

资料来源：Baloglu S, McCleary K W. A model of destination image formation [J]. Annals of Tourism Research, 1999, 26 (4): 868-897.

Beerli 和 Martín（2004）依然延续目的地形象形成动因的刺激因素和个体因素的区分，但是在研究中对首次访问游客和重游游客进行了区分，将刺激因素分为一手信源和二手信源，并参考 Gartner（1993）的分类方式着重考察二手信息来源中的诱导信息、组织信息和自发信息，如图 2-9 所示。

国内学者的研究也基本遵循以上研究框架，比如程圩、隋丽娜（2007）从一手信源（先前经验和访问倾向）、二手信源（诱导信息和原生信息）和个体因素（出游动机和社会人口特征）三个方面探查长三角居民的韩国目的地形象感知；王纯阳、黄福才（2010）考察了旅行经历、信息来源（广告、口碑和专业建议）和个体因素（性别、年龄和文化程度）对张家界目的地形象的影响。

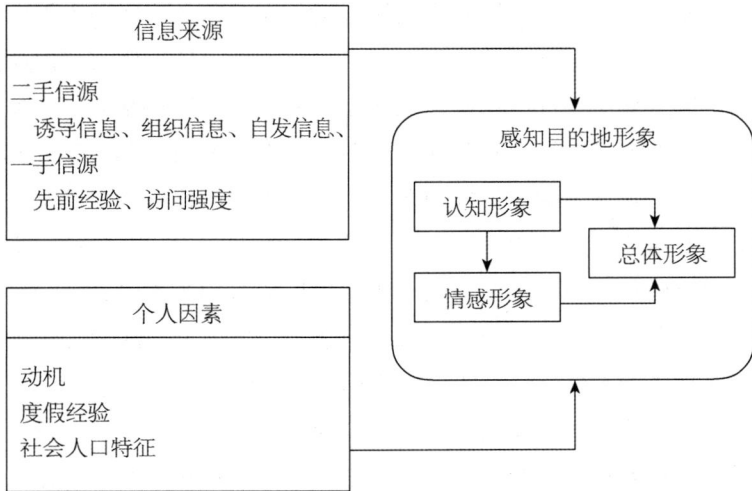

图 2-9 目的地形象形成模型

资料来源：Beerli A，Martín J D. Factors influencing destination image ［J］. Annals of Tourism Research，2004，31（3）：657-681.

2.4 小结

历经半个世纪的发展，源于原产国刻板印象的国家形象研究日渐丰富和成熟。虽然对于国家形象的概念界定还存在一定的分歧，但是其基于态度理论的观点得到较为普遍的认同，原产国形象主流研究认为国家形象就是消费者对于产品来源国的一种态度（Maher & Carter，2011）。以态度理论为基础，已有研究显示，国家形象包含两个既相关联又显著不同的组成部分——情感和认知，而且它们共同作用于国家行为倾向（Roth & Diamantopoulos，2009）。本书的国家形象整合营销传播研究遵循这一理论研究脉络，认为国家形象反映了个体对特定国家及其居民的总体态度，并包含情感和认知两个构成成分。

与此同时，经过文献梳理也注意到当前国家形象研究中的局限性。

其一，无论是情感成分还是认知成分，现有研究关注的都是运用测量量表呈现的消费者报告的国家态度。事实上，从 1995 年内隐态度概念诞生到 2000 年双重态度模型理论提出，态度的内隐性已经取得了长足的理论发展，营销学领域的应用研究证实在某些情境下，消费者对特定产品、品牌的内隐态度往往更加真实可靠，也更能预测人们的实际购买行为，但是基于态度理论的国家形象研究并没有进行相应的拓展。

其二，作为多学科共同关注的问题，学者们的国家形象研究理论视角各有不同，具体到国家形象的形成方面，相关研究往往沿着某一因素对国家形象塑造、构建的影响作用展开，还没有建立一个包括各类影响因素的理论框架模型，因此很难形成国家形象营销传播的总体把握和系统指导。而在旅游营销领域，从营销传播视角出发的目的地形象形成研究已经取得较为丰厚的成果，并初步建立起了整合多种信息刺激因素的框架模型。目前，已有少数学者注意到国家形象和目的地形象研究共同的态度理论基础和高度相似的研究主题，并尝试构建联结两个概念的关系模型（Mossberg & Kleppe，2005；Elliot et al.，2011；张宏梅、蔡利平，2011；Zeugner-Roth & Žabkar，2015）。正是这一研究背景，使得本书整合跨学科研究成果，探索国家形象营销传播机理成为可能。

3 国家形象二重性研究假设的提出

3.1 国家形象研究的理论基础——态度理论

3.1.1 传统态度的界定

"态度"（attitude）这一概念是在 18 世纪初引进到英语中的，它最早来自于拉丁语"aptus"和意大利语"attitudine"，意思是适应性（adaptedness）或适当性（fitness）（Flelning，1967；Petty，Ostrom，Brock，1981）。19 世纪初，"态度"作为一个专业术语开始受到学界的重视，这主要起因于社会学家对人类社会行为之原因的争论。许多社会学家开始不满意于"本能说"，即行为是遗传和本能的产物，他们认为是"习俗和环境"塑造了人类行为。那么，如何来解释个体开始获得适合自身所处环境的社会行为这一动力过程呢？使用"习俗"（custom）和"社会力量"（social force）等词来阐释，似乎有些含糊不清，而"态度"作为一种力量（force）或者心灵的品质（quality of mind）则更为恰当一些（Allport，1935）。自此之后，关于态度的研究就蓬勃发展起来。

态度是社会心理学中的核心问题，Allport 曾经提出"态度是美国社会心理学中最为突出和不可或缺的概念"。社会心理学家 Thomas 甚至认为"社会心理学就是研究社会态度的科学"。传统上，大多数学者认为态度是个体对特定社会客体以一定方式做出反应时所持有的稳定的、评价性的内部心理倾向。但是，对于态度的具体界定，学界并没有形成一致的看法，主要包括态度的三元论、一元论以及整合观。

态度的三元论也称为态度的 ABC 理论（Affective-Behavioral-Cognitive Model of Attitude），认为态度包涵着情感性 A（Affective）、行为倾向性 B（Behavioral）和认知性 C（Cognitive）（Eagly & Chaiken，1993；Nesdale & Durkin，1998）。Krench，Curtchfield & Ballachey（1962）将态度界定为"个体对相关社会对象的积极或消极评价、情绪感受和趋避行为倾向的持久系统"。我国学者倾向于认同态度的三元论，如时蓉华（1989）认为"态度是由认知、情感、意向三个因素构成的，比较持久的个人的内在结构，它是外界刺激与个体反应之间的中介因素，个体对外界刺激做出的反应受到自己态度的调节"。

认知成分是个体对态度客体在感知过程中所建立起来的信念，是经过与态度客体相关信息刺激而形成的感觉和知觉；情感成分是个体对态度客体所持有的情感联结，通常被认为是对态度客体更为整体的评价，并且更具有行为指向性；意向成分代表个体对态度客体的行为倾向性。三个成分共同反映个体对态度客体的整体评价，而且三者之间存在因果关系，人们发现个体对态度客体的认知有可能影响他的情感，认知和/或情感会影响其行为意向。也正是基于以上结论，目前研究者更倾向于提出态度的意向成分，从态度的认知和情感成分两个维度出发解释和理解个体的行为，比如在营销学领域，以消费者的认知和情感两个成分描述其对特定品牌产品的态度，进而研究由此引发的消费行为。

态度的一元论则可以追溯到 Thurstone。Thurstone（1931）认为态度指的是"对心理对象的赞同或反对情绪"。类似的界定，诸如"态度是指对某一个特定的人、事或物的一种较为持久或普遍的正向或负向的感觉"（Bem，1970；Insko & Schopler，1972；Oskamp，1977）。态度的一元论认为态度由评价性的或情绪性的元素组成，Martin Fishbein & Ajzen（1975）支持这种态度的一元论观点，提出个体的情绪性（评价性）反应的建立基于个体的认知。

随着标准化态度测量技术的产生和对态度的大量研究及争论，大多数研究者提出评价是态度性反应的主要元素（Eagly & Chaiken，1993；Fazio，Sanbonmatsu，Powell & Kardes，1986）。Ajzen（2001）指出，态度表征着的某一心理对象在诸如好–坏、有害的–有利的、积极的–消极的、令人愉快的–令人不愉快的等属性维度上的总体性评价。神经科学证据也支持评价性判断和非评价性判断的区分（Crites & Cacioppo，1996）。Jarvis & Petty（1996）指出，个体的长期性评价需要存在着个体差异，亦即评价性需要属于个体人格特征内容。

在"评价作为态度的核心元素"这一观点的基础上，Fazio，Chen，McDonal & Sherman（1982）提出，态度可以被视为"对象和与对象有关的评价在记忆中的联结"，联结强度决定了态度的可接近程度。Fazio（1995）在其一篇极有影响力的论文《态度作为对象—评价之间的联结：其决定因素、后果及其与态度可接近性的关系》中，重新阐述了他1982年提出的关于"态度作为对象—评价之联结"的观点。其中，态度对象包括范围甚广，如个体、社会观点、群体或者抽象观念，态度对象可以是任何可以为社会成员所接近之具有实证内涵的事实，如人、事、物、制度及代表实证事件之观念等（virtually any aspect of the social world）（Fazio & Roskos-Ewoldsen，1994）。而"评价"在Fazio看来，包括了情绪和个体的偏好，个体的评价可以源于个体的情绪体验、个体对态度对象所持有的信念以及个体的有关态度对象的行为经历。这一观点反映了Fazio试图重新整合态度的三元论和一元论，它可以满足不同的态度理论，如态度指的是个体对态度对象在评价维度上的分类，个体的评价则可以在认知（Martin Fishbein & Ajzen，1975）、情感（Zajonc，1984）或/和行为信息（Bem，1972）三方面信息的基础上而习得。

3.1.2　态度理论

3.1.2.1　学习理论

学习理论（learning theory）始于 Carl Hovland 及其同事于 20 世纪 50 年代在耶鲁大学的研究工作（Hovland，Janis & Kelley，1953）。这一理论的前提假设是：态度的获得与其他习惯的形成没有差别。通过学习理论，人们不仅了解了与各种态度对象有关的信息和事实，而且也感知了与这些事实相关联的感受与价值观。例如，一个孩子通过学习认识到有一种动物叫狗，大多数狗都很友好，而且它们大多是很好的宠物。最后，孩子就学会喜欢狗。从上面的描述我们知道，这个孩子获得了与狗有关的认知和情感，而且他学习的过程和机制与控制其他类型学习的过程和机制是相同的。

态度的学习理论是一种相对简单的理论。这种理论把人描绘成被动的受体。他们暴露在刺激之下，通过强化、惩罚、模仿而学习，这些学习的过程决定了个体的态度。最终的态度便包含了他所积累的所有联结、价值观和其他点点滴滴的信息。对于态度的形成和改变，学习理论强调两种主要的方法：信息学习和情感迁移。

学习理论认为信息学习（message learning）对态度的改变非常重要。如果一个人获得某种信息，改变便会随之而来。学习理论也指出，当人们把对某个态度对象的情感迁移到另一个与之相联的对象上时，会有说服的效果产生。

3.1.2.2　认知一致理论

研究态度和说服的第二种主要理论框架是"认知一致性理论"（cognitive consistency theory）。认知一致性理论的传统观点认为人们总是在努力寻求认知上的连贯和意义。当人们发现自己的一些信念或价值观不一致时，就会努力让它们一致起来。同样地，如果他们的认知已经是一致的了，在面对可能造成不一致的新认知时，他们就会努力使这种不一致最小化。有一些理论很重视认知一致性的重要性。

认知一致性理论中最有影响力的是费斯廷格（Festinger）于 1957 年提出的"认知失调理论"（cognitive dissonance theory）。和其他的认知一致性理论一样，认知失调理论的前提假设是有一种趋于实现认知一致性的压力。认知失调理论着重探讨的是个体的态度和行为不一致的问题。"失调"是当个体的行为和态度不一致时出现的一种令人不愉快的动机状态。当相互失调的态度和行为对自我而言有重要意义时，似乎最能一致地激起失调状态（Aronson，1968；Johnson、Kelly & LeBlanc，1995）。失调导致心理紧张（Elliot & Devine，1994），使人们感觉到必须减少它或消除它的压力。消除失调意味着恢复一致或调和的状态。为达到调和状态，人们会以某种方式去除或改变行为，但往往并不可行。有的时候，人们会将这种不一致看成是微不足道的，这样就不必改变他们的态度了（Simon，Greenberg & Brehm，1995）。不过，人们最常用的方法是改变自己的态度，从而解决态度与行为之间的不一致。

3.1.2.3　期望-效价理论

人们常常会对劝说中包含的诱因做出反应，这里的诱因指的是与某种态度立场相连的得失。根据这种理论，态度的形成和改变就是衡量在某个问题上各种可能的态度的利弊得失，并选择最佳态度的过程。这种研究态度的方法在"期望-效价理论"（expectancy-value theory）中得到了最好的体现（Edwards，1954）。

期望-效价理论假定，人是否采取某种态度，取决于他对这种态度的利弊进行的仔细衡量，也就是说究竟持有何种态度，由这种态度可能的结果对个人而言的价值来决定。这个理论提出了一个新的观点，即人不仅要考虑可能产生的结果，还要考虑某种结果发生的可能性。人们倾向于采取最有可能会带来好结果的立场，而拒绝最有可能会造成负面影响的立场，即这一理论假定，在选择态度的时候，人会努力使各种预期结果的主观效用最大化，而这种主观效用是以下两种因素的乘积：（1）某个特定结果的价值；（2）采取某个立场可能会带来这个结果的期望（Shah & Higgins，1997）。

举个例子，假设你正在考虑是否要参加今晚在朋友家举行的聚会。表3-1显示了期望-效价理论分析的具体内容。你会尽量考虑参加晚会可能带来的各种结果（你可以跳舞、喝啤酒，没有时间为明天的期中考试复习功课，可以结交一些新朋友），这些结果的价值（享受跳舞、喝啤酒、交友的乐趣，但是醉酒以后会有身体不适的影响，期中考试考得很差），以及这些结果的期望（肯定会跳舞，肯定会考得很差，在这个小聚会上不太可能结识新朋友），同时考虑期望和价值，然后你开始学习，因为如果去参加聚会的话，肯定会得到一个非常糟糕的期中成绩，而这一点是参加聚会得到的一点跳舞、喝酒的乐趣所不能弥补的。

表 3-1　　　　　　　　期望-效价理论分析的例子

	价值	×	期望	=	主观效用
选择1-参加聚会					
跳舞	+2	×	3	=	+6
结识新朋友	+3	×	1	=	+3
喝啤酒	+1	×	3	=	+3
醉酒"后遗症"	−3	×	2	=	−6
期中考试考得很差	−3	×	3	=	−9
总态度					−3
选择2-学习					
提高期中成绩	+3	×	3	=	+9
感到厌烦	−1	×	1	=	−1
没有醉酒"后遗症"	+2	×	3	=	+6
总态度					+14

注：价值按+3（非常好）到−3（非常差）打分；期望按3（肯定会发生）到0（一定不会发生）打分；主观效用等于价值和期望的乘积。

资料来源：Taylor S E, Peplau L A, Sears D O. 社会心理学［M］. 谢晓非，译. 10版，北京：北京大学出版社，2004.

3.1.2.4　认知反应理论

"认知反应理论"（cognitive response theory）希望通过了解个体在对劝说产生反应时的想法，来理解态度和态度改变的过程（Greenwald，1968；Petty，Ostrom，& Bock，1981）。该理论假定，人会以正性或负性的想法（即认知反应）对某种特定立场的各方面做出反应，这些想法反过来决定了他是否会支持这一立场（Romero，Agnew & Insko，1996）。

认知反应理论预测，态度改变取决于某信息引发的反驳论点的多少和类型。如果该信息引发了强烈有效的反驳，那么个体就会拒绝改变态度。相反，对反驳过程进行干扰会使人们被说服。如果我们想不出任何有力的相反论点，或是当我们在听到某信息时因为分心而无法对其进行思考时，那么我们更有可能会接受这个信息。

3.2　双重态度模型

3.2.1　双重态度模型的提出

长久以来，态度一直被认为是社会心理学理论和研究的核心概念，这主要缘于其反映个体所持有的态度客体与相应的积极或消极评价之间的联结（Fazio，2007），并在一定程度上能够预测行为（Sherman et al.，2009）。在传统的态度研究中，研究者往往运用自陈量表要求被试在相关维度上，如"好/坏""喜欢/不喜欢"，对态度客体实施评价。然而，研究显示人们所报告的态度并不总能有效预测行为，尤其是在涉及规范和社会期许等因素的情况下（Nosek，2005），比如在面对种族或性别歧视等有社会争议的问题时，人们的报告态度可能与其实际行为出现严重的背离。

正是在这样的背景下，Greenwald 和 Banaji（1995）提出"内隐态度"（implicit attitude）的概念，即"由过去经验累积形成的无法内省识别（或无法准确识别）的痕迹，潜在地影响个体对社会客体认知、情感和行为倾向"。这种内隐态度更多地反映个体自动化的评价联结，不受意识控制也不易受到社会期许的影响，因此，对于一些社会禁忌问题，内隐测量得出的评价比被试报告得出的评价要显著得多，也更能有效预测行为（Fazio et al.，1995）。内隐态度概念的提出，使得学者们可以从一个全新的角度探索、理解态度概念以及重新审视围绕其进行的传统研究论题，因此，在接下来的近 20 年间，关于内隐态度的研究会吸引包括应用心理学在内的多领域学者的积极关注，研究内容也将不断丰富，并会引发对态度研究的新热潮（黄伟庆，2014）。

作为传统态度理论的新拓展，内隐态度与依赖于测量量表得出的主观报告态度（即外显态度）的关系成为内隐态度领域的研究热点。内隐态度是对态度客体的自动化评价，它源于存储在个体脑海中的过往评价的积淀，不需要耗费个体的认知努力，与之相对应，外显态度则是在个体有意识认知的过程中形成的评价性判断（Gawronski & Bodenhausen，2006）。关于二者的关系，学界存在两种不同的观点，即外显态度和内隐态度是个体所拥有的同一态度的两个侧面；面对同一客体时，本就存在两种不同的心理结构。

持有"同一论"观点的学者认为无意识的内隐态度是个体对态度客体的真实评价，而其主动报告的外显态度则是在考虑道德规范、社会期许或某些特定情境的影响下，经过有意识加工或掩饰的"歪曲表达"（Fazio & Jackson，1995）。然而，实证研究发现内隐态度和外显态度的相关性很低，甚至没有相关（Devine，1989；Dovidio et al.，1997；Greenwald & Banaji，1995；Dovidio，2001）。由此，以 Greenwald，Banaji 等人为代表的"分离论"研究者认为内隐态度和外显态度是共存的两种不同心理结构，经由不同的心理加工机制形成。Greenwald 和 Banaji（1995）在"内隐态度"概念提出伊始，就明确了其与外显态度显著区别的无意识性，后续关于态度改变的研究则从另外一个角度揭示了外显态度和内隐态度的分离，即在特定研究背景下，二者发生不一致的变化，比如外显态度保持不变，而内隐态度改变，抑或与之相反（Gawronski & Bodenhausen，2006）。由于具有情境的敏感性，因此当环境中出现新的线索或新的联结时，内隐态度会明显改变，而此时外显态度往往并不会显著改变，反之当需要有意识思考的信息出现时，外显态度通常会改变，内隐态度则保持不变（Glock et al.，2015）。

Wilson et al.（2000）提出的双重态度模型（Dual Attitudes Model，DAM）则进一步明确了二者之间的分离关系。该理论认为个体对特定态度客体具有不同的双重态度，即同时存在于个体脑海中的两个独立的心理结构——外显态度和内隐态度。外显态度是个体有意识调取并呈现的，内隐态度则是无意识下的自动化的评价联结。值得注意的是，无论个体是否有意识呈现自己的外显态度，内隐态度都会潜移默化地影响着人们的行为。

从这一理论模型出发，作者提出了该理论包括的五大基本假设：第一，个体对特定态度客体的外显和内隐态度是同时存在于脑海中的两个独立的心理结构。第二，内隐态度可以在无意识控制的情况下自动激活，而外显态度则需要耗费个体的认知努力；当个体有意识地去调取外显态度并且它的强度能够超越和压制内隐态度时，人们会报告外显态度；反之，将报告内隐态度。第三，即使个体有意识地呈现自己的外显态度，内隐态度还是会影响其无意识或未加控制的行为反应。第四，应用态度改变技术往往改变的是个体的外显态度，而内隐态度的改变则比较困难。第五，个体所持有的双重态度并不会引发主观的矛盾状态，在冲突的情境中，个体通常报告的是一种更易获取的态度（张镇，2002）。

双重态度模型理论改变了以往一贯采取的从个体自陈出发的单维态度研究模式，引领人们从外显和内隐两个视角去审视个体的态度评价，以及思考和探寻复杂行为背后的深层次解释，尤其是关注其中无意识、自动化的内隐态度的影响。内隐态度和外显态度在稳定性上的分离，说明影响外显态度改变的方法和技术并不能有效地作用于内隐态度，也提示我们态度的形成和改变还存在未被揭示的过程和机理。

3.2.2 双重态度的类型

根据 Wilson 和 Lindsey 的观点，双重态度有两个特点：第一，在内隐态度形成后，当人们一遇到态度客体时它就会被自动激活，对于它的活动不需要心理能量与动机。而外显态度还没有成为自动化的态度，因而需要较多的能量和动机去检索。这是所有双重态度共有的特点。第二，在自动化的程度上，不同的双重态度是有区别的，主要表现为两方面：一方面是内隐态度被激活后人们能否意识到它。人们有时会意识到或至少会感受到内隐态度，但大多数时候人们是无法意识到这种内隐态度的；另一方面是从记忆中去检索外显态度需要一定的心理能量与动机，当人们从记忆中检索到外显态度时，是否有足够的心理能量与动机超越和压倒原有的内隐态度也是有区别的。根据人们对内隐态度的意识程度和是否具备超越内隐态度的动机与能量，双重态度可分为以下四种类型：

第一种类型是压抑（repression）。某种态度由于它会唤醒焦虑，就可能会被人们排除在意识之外，如果人们对于同样的态度客体另有一种有意识的态度，而不同于受压抑的态度，这将导致第一种双重态度的情况。例如，Dovidio 等（1997）通过研究发现，许多白人都深藏着对黑人的无意识的消极评价，同时还保持着积极的外显态度，这是因为这种无意识偏见会对主体的自我形象产生威胁，故将之逐出意识之外。压抑的过程需要一定的心理能量与动机，根据 Freud 的理论，心理防御机制是一种需要付出努力和能量的过程。也就是说，如果人的自我防御能力较弱（以至于压抑失败）或者压抑情感的动机被降低，人们就有可能意识到他们的内隐态度。

第二种类型是独立系统（independent system）。如同压抑一样，人们有一种自己没意识到的内隐态度和一种意识到的外显态度。与压抑所不同的是，没有动机驱力将内隐态度排挤出意识之外，外显态度也不是为了区别于内隐态度而形成的。因而人们既有一种内隐的、无意识的系统，也有一种外显的、有意识的系统，二者是独立存在的。内隐态度是自动化的无法意识到的，人们不需要付出心理努力和动机，也不需要用外显的态度反应去压制这种内隐态度。两个评价系统各自独立存在，一个影响人的行为反应，另一个则影响人的外显反应。张东宁等（2005）研究发现，IAT 测验与自陈式量表所测到的攻击性是两种不同的心理现象，前者是攻击性的内隐层次，后者是攻击性的外显层次，两者之间相互独立。

第三种类型是主动压制（motivated overriding），指个体能完全意识到他们的内隐态度（这与压抑和独立是不同的），然而这种内隐态度通常是不符合社会逻辑规范的或个人所不想要的，这就驱使他们要用一种完全不同的态度去压倒和战胜它。例如，人们能完全意识到他们对于某些其他种族的成员有一种稍纵即逝的、消极的歧视态度。由于他们探查到了这一反应并意识到这是不合理的，因而努力从记忆中检索一种外显的积极态度去压制和掩盖它，这是一种需要心理能量与动机的过程。这种主动压制的情况与研究者们使用的术语"抑制"相似，是由于人们意识到了自己的某种不想要的感受，才主动去用另一种态度去代替和战胜它。

Wilson，Lindsey & Anderson（1998）同时用内隐和外显测量评定态度，他们预测，如果被试具备足够的认知容量和动机，在外显测量中会抑制初始态度，在内隐测量中则会表现出这种态度。实验过程中，被试一边听描述罪犯和公诉人的录音，一边看两人的照片投影，预计被试可以形成关于描述对象的相当强烈的消极或积极评价。然后，控制组被试直接对应照片并加以评价，而实验组主试告知被试由于自己无意间颠倒了罪犯和公诉人的照片，在评价阶段要求被试对调换后的"正确"照片给予评价。结果表明，控制组被试在所有态度测量中反应都相似，因为他们只有一种态度。实验组被试在语义区分量表等外显态度测量中的反应与控制组被试相似，对罪犯的态度都很消极，但在有时间压力的特质评定及内隐态度测量中对罪犯表现出更积极的评价。因而被试具有两种态度，表现的态度内容依赖于认知容量和测量的性质。

第四种类型是自动压制（automatic overriding），是指个体以外显态度压制或超越内隐态度的过程本身是自动化的。只要人们有能力从记忆中检索到外显态度，外显态度就会自动地超越和压制内隐的态度，即外显与内隐态度有自动化的联结，以至于人们并不能意识或感受到内隐态度的存在。主动压制和自动压制之间的差异在于超越和压制内隐态度所需的心理能量，对于主动压制而言是人们主动、积极地发起对内隐态度的压制，这种压制需要一定的努力与能量；而对于自动压制，当人们从记忆中检索到外显态度时，他们并不能感知到内隐态度，因为外显态度自动压制了内隐态度。

Schooler（1990）的研究采用常用的失调范式改变态度，要求学生分别在低选择与高选择的条件下，写一篇与他们态度相反的文章，建议学校提高学费，然后问他们对"学校应该大幅度提高学费"同意的程度。结果表明，在没有时间限制的条件下出现了失调效应，如果回答时间只有 5 秒，在高低选择条件下被试都反对学校提高学费。失调引起的态度改变抑制了内隐态度，报告的态度则依赖于询问的方式。如果人们有足够的认知容量提取到外显态度，它会自动抑制内隐态度，否则由内隐态度决定评价的内容。

自动压制与独立系统之间的差异表现在人们能否意识到自动激活的内隐态度。如果人们没有能力和动机从记忆中检索到外显态度，那么这种内隐态度就会被人们意识到并决定他们的内隐和外显反应。如果人们有能力和动机从记忆中检索到外显态度，那么这种新的态度将会压制或超越内隐态度，从而决定人们的外显反应。当个体发现存在一种有威胁的或不可接受的内隐态度时，就会主动去压制和超越这种不想要的态度。但对于独立系统而言，由于内隐系统和外显系统是独立的，即便人们没有发现他们的内隐态度是有威胁或不可接受的，双重态度也可能会出现。就像在乒乓球运动员的类比中，人们获取了一种新的反应方式，却并没有完全抹掉内隐这种旧的反应方式。

双重态度和人们常说的矛盾心理也是有区别的。人们对于同一刺激，可能同时拥有积极和消极的感受，这是一种矛盾心理。比如，对于巧克力蛋糕，人们非常喜欢它的口味，却不喜欢它的增肥效果。Cacioppo 及其同事的研究表明，人们对于同一个客体可能同时具有积极和消极的评价，并且区分出了这些不同感受的神经机制。双重态度与矛盾心理是有区别的，矛盾心理是指一种冲突状态，人们认识到一种态度客体既有积极的特点又有消极的特点，能够完全意识到这种态度客体的好处和坏处，并且把它们看作是合理的和令人信服的。由此，矛盾心理是可以通过人们直接报告他们所感到的冲突来进行测量的。双重态度则只有当人们对于记忆中的同一态度客体有不同的评价时才会发生，其中一种评价比另一种评价更容易获取。由于其中的一种评价占有绝对优势并被看作是唯一的评价，所以人们并不感到冲突或矛盾。然而实际上还存在另一种评价，它只在某些情况下才出现并影响行为。

3.2.3 双重态度模型的实证支持

双重态度模型关于"人们对同一个背景中的某个给定客体可以同时拥有两种不同评价之态度"的假设可以在有关偏见和刻板印象的研究文

献中，以及外显态度和内隐态度的行为预测研究中找到诸多实证支持。

刻板印象（stereotype）最早是 Lippmann（1922）提出来的，指的是针对一个群体的特征所持有的一般化的观念，通常具有固定化、简单化的倾向。"stereotype"这一术语最早用于印刷行业，表示印刷版，后引申指"对事物观念或理论的牢固印象"。刻板印象针对常见的社会群体，如性别、职业、年龄、地域、国家或种族等。刻板印象的作用体现在仅仅因为某个个体是特定群体的一员，就将该群体的特征施加到这个个体身上。刻板印象的本质是一种先入为主的观念或信念，它不一定与正面或负面的评价相关，更多是表示一种或一组描述性的特征。

偏见（prejudice）的本质是一种态度，往往是针对特定群体及其成员的负面态度。关于偏见的一个经典的定义是 Allport（1954）给出的，他认为"偏见是一种基于错误的、刻板的、以偏概全而产生的厌恶倾向，它能够被感受到，也能够被表达出来。它可以指向一个群体，也可以指向群体中的个人，仅仅因为这个人是群体中的一分子"。偏见可以指向特定的性别、社会阶层、年龄、宗教、性取向、种族、民族、宗教、国家等，其中，在西方研究最集中的领域是种族偏见或种族主义。

有关刻板印象和偏见的研究文献中很多已经涉及双重态度模型理论的某些方面。大量的研究表明，刻板印象和偏见能以一种自动化、习惯化的水平存在。如 Bannaji 和 Hardin 的研究已经发现，刻板印象在社会判断中能够被无意识且迅速地激活和使用。Fazio 也指出在当代美国社会文化中，事实上每个人都存在对某些团体，如黑人、妇女的消极刻板印象，这种认识是早年就获得的，并且很容易被自动激活。在某种程度上，一种评价是与内隐刻板印象相连的，这一结果与双重态度假设——存在自动化的内隐态度是一致的。对于这一假设的更直接证据来自于有关偏见的自动激活研究。

Fazio（1995）、Greenwald 等人（1998）关于偏见的研究发现，人们能意识到在面对小组内部成员时的偏好态度是自动激活的，为了公众形象，人们会主动去隐藏和掩饰这种态度。在某种程度上，人们私下里所拥有的平等主义价值观控制着人的外显反应。这一研究结果与主动压制的概念是一致的，即内隐态度被激活，人们能意识到这种态度；他们也能从记忆中检索出更平等的态度，如果他们有能力和动机，就会用外显态度超越内隐态度。

根据双重态度模型，内隐态度是被自动激活的，而新态度则需要较多的能量和动机从记忆中进行检索。在限定反应时间的情况下，人们没有机会去检索他们的外显态度，因而会报告内隐态度。在这种情况下，人们能完全意识到他们的内隐态度，并且内隐态度也会影响人们在外显态度测量上的反应。在有较长反应时间的情况下，人们将会从记忆中检索出外显态度，并将超越内隐态度而决定人们在外显态度测量上的反应。Wilson 和 Lindsey 等人的一项研究发现，人们在有时间限制的条件下（即在 3 秒钟时间限制内报告他们的态度），某些原来有效的态度改变技术并没有导致态度的改变。这一点可以看作是对双重态度的支持，即使一种新态度已经被构建并被迅速获取，但是先前的习惯化态度仍然存在，一旦人们面临认知压力，这种习惯化的态度就会成为默认的反应；当人们没有认知压力时，这种最近被构建的态度才能够被提取并相对容易地报告。

正如 Gaertner 和 Doviodio 在关于反对种族歧视的研究中所提出的，"最好的反种族歧视主义者，他们是那些有意识地承认与黑人平等的白人，而不是那些将消极情感排除在意识之外的人"。Gaertner 和 Doviodio 认为偏见既有自动化的成分，也有控制的成分。这两种成分都有态度的特点，一种是通过自我报告获得的外显态度，另一种是通过内隐测量技术（如启动技术）获得的内隐态度。他们认为自我报告的态度和态度的潜在反应测量都是有效的测量，能预测不同类型的行为。

研究发现，在刻板印象及偏见行为研究领域，内隐态度的行为预测力要高于外显态度。如 Ashbum-Nardo 等人考察了黑人/白人内隐、外显态度与个体在智力型任务中选择黑人或白人做搭档的行为之间的关系，内隐态度和外显态度与可观察行为之间的相关分别为 0.25 和 0.15；Hugenberg 和 Bodenhausen 考察了黑人/白人内隐、外显态度与个体对黑人面孔敌意性知觉之间的关系，内隐和外显态度与敌意性知觉的相关分别为 0.47 和 −0.09；Lemm 考察了对男同性恋的内隐、外显态度与个体同男同性恋者交往行为之间的关系，内隐和外显态度与交往行为之间相关分别为 0.38 和 0.16；Neumann 等人考察了个体对艾滋病患者的内隐和外显态度与其对艾滋病患者躲避行为之间的关系，两种态度与躲避行为的相关分别为 0.16 和 0.24。

外显态度和内隐态度在行为预测上的分离在发展与教育心理学领域和应用心理学领域的相关研究中也得到了验证。

比如，Nosek，Banaji 和 Greenwald 基于网络调查所得数据，对年龄 IAT 进行分析时发现，被试表现出对青年人的积极内隐态度和外显态度。随着被试年龄的增长，其内隐态度没有发生变化，而被试的外显态度则表现出内群体的偏好，即表现为随着年龄的增长，被试对青年人评价的积极程度下降。Hummert 等人的研究却提供了相反的证据，他们选取三个不同年龄组的被试，考察其年龄内隐态度的发展变化。研究结果表明，年龄的主效应极其显著，随着年龄的增长，被试表现出更强烈的对年轻人的内隐偏好。Baron 和 Banaji 则考察了种族内隐态度的发展特点。研究选取了三个年龄阶段的被试，分别为 6 岁组、10 岁组和成人组。研究结果表明，6 岁组儿童已经具有了亲白人/反黑人的内隐种族态度。随着年龄的增长，这种内隐偏见仍然存在，而外显的偏见则逐渐降低，直至完全消失。

在内隐和外显态度对个体学业成绩方面行为的影响研究中，Nosek 等人考察了对于数学/艺术的内隐和外显态度与个体数学成绩之间的关系，研究结果表明，个体内隐态度与学习成绩的相关为 0.38，而外显态度与学习成绩的相关则为 0.49。外显态度对个体学业成绩的预测力高于内隐态度的预测力。

在临床心理学领域，Banse 考察了对同伴的内隐、外显态度与个体心理健康之间的关系，研究结果发现，内隐态度与心理健康的相关为 0.31，而外显态度与心理健康的相关则为 0.45。

3.2.4 内隐态度和外显态度的营销学研究

2000 年前后，学者们开始将内隐态度的概念引入消费者心理的研究领域，研究主要集中在消费者内隐态度认知、内隐-外显态度的消费者行为预测和消费者内隐-外显态度的深层次探索方面。

消费者内隐态度认知研究主要包括消费者对品牌态度和广告态度的内隐认知。品牌态度与消费者自我概念有紧密联系。Greenwald 等人（2002）认为，自我与品牌形成内隐联结后，品牌与属性词就共享了"自我"这个第一层级链接（first-order link），品牌与属性词之间的关联被加强，从而促进个体对品牌形成较为积极的态度。根据该理论，Perkins 和 Forehand（2012）探讨了内隐自我概念与品牌的联结对品牌态度的影响。研究者虚构了两组汽车品牌，通过自主分类任务，使得被试将两组品牌与"自我""他人"两组概念词进行联结，最后测量内隐品牌态度以及外显品牌态度和购买意图，结果发现被试偏好与"自我"关联的汽车品牌。

在原产国效应领域，Dimofte，Johansson 和 Ronkainen（2008）的研究关注美国消费者对全球品牌的态度。在问卷调查中，美国消费者并没有表现出对全球性品牌的偏好，但这种偏好却在 IAT 中表现出来，相对于本地品牌，美国消费者跟发展中国家的消费者一样，偏好跨国品牌。

同样，Shi，Wen 和 Fan（2012）等人通过 IAT 和问卷调查的方法研究中国消费者的来源国效应。研究发现，中国人的面子心理影响消费者对日本、美国以及本国产品的外显态度，并调节了外显态度和内隐态度之间的关系。相比较面子心理较轻（low face perception）的个体，面子心理较重（high face perception）的被试对日本和美国品牌（相比较国内品牌）表现出明显的外显偏好，且外显态度和内隐态度呈现出较高的不一致性。类似的研究还有黄韫慧和施俊琦（2011）等人的研究。

在广告态度的研究中，Forehand 和 Perkins（2005）研究广告名人声音效应，内隐联想实验结果表明，当不知道广告声音来源是名人时，被试表现出对广告的内隐偏好；一旦告知声音来源，他们会自动调整自身认知，内隐偏好消失。然而在外显测量中，被试前后态度没有明显变化。

在品牌选择方面，Maison et al.（2004）分别对消费者购买行为中的三组品牌进行研究，分别是酸奶品牌达能和芭蔻玛、快餐品牌麦当劳和牛奶吧以及饮料品牌可口可乐和百事可乐。研究发现，在三组品牌中，被试的外显态度和内隐态度都是显著相关的，比如达能品牌的外显态度和内隐态度的相关为 0.47，但是只有在饮料品牌实验中，内隐态度对消费行为预测的显著性才得以证实。国内学者刘永芳、马明娜（2009）则根据产品的类型属性，将态度对象区分为耐用品（手机）和非耐用品（洗发水），进而针对不同产品类型下消费者内隐态度和外显态度的一致性以及它们对消费行为的预测性进行研究。结果显示，态度对象的类型属性确实会产生不同影响，在耐用品实验中，被试的外显态度和内隐态度出现了分离，外显态度的消费行为预测性更高，与此同时，在非耐用品实验中得出了完全相反的结论。相似地，涂阳军等（2013）将内隐-外显态度纳入可持续消费品的购买研究中，发现消费者在外显态度上表现出对环境友好型产品（节能空调）的偏好，而在内隐态度上表现出对传统非环境友好型产品（非节能空调）的偏好，二者呈现分离。但是，在该研究中，内隐态度对节能空调购买意向的预测能力略高于外显态度。

除了关注消费者内隐-外显态度的消费行为预测，学者们还对消费者内隐-外显态度的形成进行了深层次的探索。袁登华（2014）从联想加工（associative processing）和规则加工（rule-based processing）的双重加工模型出发探讨品牌印象的双重结构及其形成与改变的心理机制，结果显示，外显品牌印象的形成与改变遵循规则加工，内隐品牌印象的形成与改变遵循联想加工，说明二者是相互独立的两个心理结构。而且，作者通过梳理已有研究文献，认为个体的信息卷入是影响品牌形象形成的重要因素，分别在低卷入和高卷入状态下进行实验，发现在低卷入状态下，被试经反复学习后形成了相应的外显品牌印象，却并未形成与其相应的内隐品牌印象；在高卷入状态下，被试经反复学习后形成了相应的外显品牌印象和内隐品牌印象。

3.3　基于双重态度模型的国家形象研究假设

如前所述，目前国家形象的概念并没有形成统一的认识，来自不同学科的学者从不同的研究视角对国家形象进行界定。传播学研究中的国家形象往往着眼于信息传播的过程和结果，如"国家形象是国际社会公众对一国相对稳定的总体评价或国家通过国际信息传播在国际社会公众中形成的普遍的印象沉淀"（杨伟芬，2000）。在国际政治学的研究视野中，国家形象被投放在国际关系的背景下，强调"一个国家在国际社会中的基本精神面貌与政治声誉"，与软权力、国际影响力紧密相连。在国际市场营销领域，研究者普遍从认知心理学的视角出发，认为国家形象是认知主体对一国思维加工合成的认知结果，但具体的表述也各有不同，多数定义用"感知""刻板印象"或者"信念"等词汇来表述国家形象，虽然在一定程度上解释了国家形象的内涵，但是存在一定的内容上的局限性，仅反映国家形象的认知成分，而忽视了情感成分。只有少数界定如 Laroche et al.（2005），以态度理论为基础来突破上述局限性（Roth & Diamantopoulos，2009）。

国家形象的概念界定虽然还存在不同的观点，但是，在营销学领域，原产国形象的主流研究基本认同其态度理论基础，并据此对国家形象的态度构成进行探索和分析。从整体上看，相对于较为普遍的从认知角度进行的国家形象研究，引入情感维度，以认知-情感两维结构支撑的相关文献还较为有限。Maher 和 Carter（2011）经过文献回顾发现，除去某些维度区分模糊的论文，明确从国家形象认知和情感两个方面进行的研究只有以下六篇：Häubl（1996），Verlegh（2001），Orbaiz 和 Papadopoulos（2003），Heslop et al.（2004），Laroche et al.（2005）和 Brijs（2006）。不过，随着国家情感对消费者购买行为的直接影响被不断证实，近几年，从认知和情感构成两个维度进行相关国家形象研究已经成为一种趋势。

基于"态度作为对象-评价之联结"的观点，从态度理论出发的国家形象概念能反映公众对一国喜欢或者不喜欢的评价。态度理论作为国家形象研究的理论基础和有效工具不仅能够解释国际公众是如何评价特定的国家对象（具有何种信念和感知以及怀有哪种情感）的，如同产品的品牌名称，国家形象包含着与该国相关的丰富联想，蕴含大量事实和情感信息（Papadopoulos & Heslop，2002），而且能够预测这些信息将如何影响他对该国的反应，即行为的倾向性。

双重态度模型理论自 2000 年提出后，在社会心理学、认知神经科学、营销学等领域的大量实证研究中得到证实（Greenwald &

Farnham，2000；Bargh，2002；Lieberman，2007；杨青松、钟毅平，2008）。研究发现，内隐态度从形成到激活的整个过程都可以在被试毫不知情的情况下发生，与外显态度之间存在分离（杨治良，2009），而且内隐态度更加真实可靠，也更能预测人们的实际行为。

在营销学领域，学者们对消费者内隐态度和外显态度的关注和研究主要集中在消费者对产品的态度以及其对消费行为的影响等方面。Janiszewski（1988）和 Shapiro（1999）是早期比较有代表性的研究（袁登华等，2010）。Janiszewski（1988）的研究显示消费者在没有意识到报纸广告的情况下，其关于广告中品牌的态度依然受到广告信息的影响；而 Shapiro（1999）则进一步证实，非但如此，即使消费者刻意规避广告信息，依然会受到其影响而改变了对广告产品的态度。Greenwald 和 Farnham（2000）发现，女性消费者对高卡路里食品的内隐和外显态度存在分离，而且内隐态度更能预测她们面对该类食品时的行为。进入 21 世纪，国内学者关于消费者外显态度和内隐态度的研究也逐渐展开。刘永芳、马明娜（2009）的研究发现消费者对耐用品（手机）的外显态度和内隐态度出现了分离，外显态度的消费行为预测性更高，而涂阳军等（2013）关于节能产品的研究显示，消费者对这类产品的外显态度和内隐态度虽然发生分离，但内隐态度的消费行为预测性反而略高于外显态度。翁智刚等（2013）的研究则从动态角度证实，面对负面信息，消费者因企业履行社会责任而形成的积极内隐态度相对于外显态度具有更强的抵御冲击能力，即内隐态度更加稳定，而且在长期行为中，内隐态度具有更强的决定性。双重态度模型在营销学领域的研究和应用虽然刚刚起步，但相关研究已经证实消费者外显态度和内隐态度存在分离，其中内隐态度更为稳定，并引导我们以此为基础在更广泛的营销领域探索消费者内隐和外显态度的关系和动态发展。

现有基于态度理论的国家形象研究多从态度构成的认知成分和情感成分两个方面进行国家形象的定义和测量，然而传统的自陈量表或问卷测得的是目标公众的外显态度，即其能够意识到并能报告出来的态度。双重态度模型为我们进一步思考与研究国家形象形成的深层次根源提供了一个新的方向，曾率等（2010）在归因引导对社会态度改变的影响研究中，以法国和日本两个国家为例，发现不同的归因引导对被试的外显国家态度和内隐国家态度的影响存在实验性分离，支持了 Wilson 等所提出的内隐和外显两种态度结构同时存在的双重态度模型。

在同样基于态度理论的旅游目的地形象研究领域，游客对目的地的内隐态度的探索研究已经陆续出现。Kim et al.（2011）选取 84 名不同种族的大学生（30 名高加索人、27 名中国人和 27 名韩国人）被试，运用自陈量表和内隐联想测验（IAT）分别测量他们对英国和中国两个目的地国家的外显态度和内隐态度。研究发现，虽然所有被试对两个目的地国家的外显态度都偏向积极而且并没有显著区分，但是不同种族被试的内隐态度却呈现显著差异，高加索和韩国被试对英国的内隐态度明显高于中国，而中国被试对中国的内隐态度则显著高于英国。作者认为从某种意义上说，内隐态度更有可能准确、合理地反映个体的态度，因此关注内隐态度会增加我们对消费者旅游倾向的理解和把握。

辜应康、杨杰（2015）也得出相似的结论，研究发现大陆游客对中国香港地区和韩国两个较为成熟旅游目的地的外显态度不存在显著的差异，但是在内隐态度层面，中国旅游者内心对中国香港地区旅游形象的积极认知要显著高于对韩国旅游形象的积极认知。

Jang（2015）以美国拉斯维加斯和韩国旌善两个赌城为态度客体，分别测量了 72 位具有旅游意愿的韩国被试对两个目的地城市的外显态度和内隐态度，结果显示，从总体样本角度看，被试的外显态度和内隐态度表现一致，对拉斯维加斯具有更积极的偏好，但是，与女性被试完全一致的内隐-外显态度不同，男性被试的外显态度和内隐态度呈现分离，即外显态度更倾向于拉斯维加斯，内隐联想测验却显示对旌善的内隐态度比拉斯维加斯更积极。在此基础上，播放关于赌场的负面引导视频材料，发现被试的外显态度发生显著变化，从偏向积极转为偏向消极，而内隐态度的变化却不显著。

双重态度模型的提出引导我们关注个体不受意识控制、自动激活的内隐心理结构，能够更加全面、准确地解读面向特定客体的态度以及相应的个体行为反应。该理论认为个体所持有的内隐态度和外显态度是同时存在的两个独立的心理结构，二者具有不同的属性、发挥作用的不同条件和过程以及不同的稳定性，为相关态度研究指出了一个新的方向。目前，以上假设已经在基础心理学、发展与教育心理学和应用心理学等领域的研究中得到验证，并引发学者对原有研究问题的全新思考和启示（刘俊升、桑标，2010）。

具体到营销领域，内隐态度与外显态度的联合帮助学者们更好地理解消费者对品牌、产品的购买行为，从而得出了更加合理、更具建设性的实践指导。这一理论不但应用于传统市场营销领域的消费者行为解读，而且在旅游目的地营销方面也进行了初步拓展，并取得了一些有价值的研究成果。然而，在同样基于态度理论的国家形象研究领域，尝试从双重态度模型理论视角展开的研究非常罕见，尤其是将外显-内隐态度联合应用，探索国家形象营销传播机理的研究还没有出现。

本书在双重态度模型核心思想的指引下，尝试展开国家形象的探索研究，即基于态度理论的国家形象是否也具有在传统自陈量表测量条件下不易探查的无意识构成，如果这一内隐国家形象构成确实存在，其诚如 Wilson 等人的假设是否会得以验证，又将为我们理解国家形象传播带来哪些思考和启发。因此，基于双重态度模型理论的基本假设，结合本书的研究框架提出以下研究假设：

H1，国家形象具有二重性，外显国家形象和内隐国家形象同时存在；

H2，相对于外显国家形象，内隐国家形象的改变更为困难。

4 国家形象二重性实证研究

4.1 研究设计

4.1.1 案例国家和被试选择

4.1.1.1 案例国家

本书选取韩国作为案例国家，主要基于以下两个方面的考虑：

一方面，韩国与中国一衣带水，经济文化交流频繁，为中国公众所熟悉。2014 年，中韩双边贸易额为 2 354 亿美元，中国已成为韩国最大贸易伙伴及第一出口目的地和进口来源地，同年，赴韩中国游客达到 571 万人次，成为韩国入境外国游客中的最大群体。20 世纪 90 年代后期，韩国电视剧在中国风靡一时，随之而来的韩国流行文化在中国的爆发式流行被中国媒体称之为"韩流"，虽然此后影响一度消减，但 2009 年以来，韩国流行音乐的流行吸引众多亚洲年轻人，"韩流"进入第二阶段（Sung，2012），尤其是伴随着《来自星星的你》等一系列韩国影视剧的热播，"韩流"再度卷土重来，吹遍中国的大街小巷，追捧和喜爱韩国文化、韩流明星的民众尤其以年轻人居多。

另一方面，韩国国家形象营销成效斐然，以其为对象的深层次探究有可能提炼出具有借鉴意义的结论和启示。韩国国家形象从冷战时期弱小、危险、模糊到今天的全面蓬勃发展，离不开韩国政府30余年的推广和努力（王晓玲，2010）。1988年韩国政府抓住举办奥运会的契机，大幅度改善国家形象，2002年朝日世界杯将"Dynamic Korea"（动感韩国）的形象展现在世人面前，起源于20世纪90年代末期的"韩流"风潮更是将一个现代、时尚、富足的韩国形象吹向亚洲乃至世界。进入21世纪，有学者对"韩流"与韩国形象构建的关系以及由此形成的韩国形象对消费者行为的影响进行研究（Sung，2010；Kim et al.，2007；Kim et al.，2010；Sung，2012；刘力，2013；Lee et al.，2014），研究发现在"韩流"的影响下，不仅外部公众对韩国形象感知发生了质的转变，而且韩国形象具有拉动赴韩旅游和提升韩国品牌产品或服务选择偏好的中介效应。

此外，我们也注意到，相对于国内主流媒体较为积极和正面的韩国国家形象（苗红果，2013），我国民间层次的涉韩舆论，如互联网社区中的韩国形象，由于中韩之间的历史、文化分歧则呈现更多的负面情绪（文春英，2012）。因此，本书以韩国为案例国家，基于外显和内隐的双重态度，尝试从整合营销传播的视角探索中国公众对韩国这一看似矛盾的复杂态度内在的深层次解释，以期获得有价值的借鉴经验和启示。

4.1.1.2　被试选择

本研究被试选择烟台某高校大学本科三年级学生，共70人，其中男生32名，女生38名。被试选用具有较高样本同质性的大学生，能在一定程度上保证研究的内部效度（江红艳等，2013）。由于地缘优势，被试接触韩国文化、韩国民众、韩国企业和产品的机会相对较多，能够形成较为充分的国家形象评价。所有被试视力或矫正视力正常，右利手，无色盲或色弱，熟悉电脑的基本操作。

4.1.2　外显国家形象量表设计

4.1.2.1　预调查问卷的提出

在国际营销领域，国家形象被作为消费者评价相对不熟悉的进口产品内在性能的一个有用的外在线索（Han & Terpstra，1988）。这一概念本身就暗含着一个假设，那就是所有营销环境因素都有影响消费者行为的潜在可能，而需要被纳入国家形象量表（Parameswaran & Pisharodi，1994）。因此，已有国家形象的测量跨越政治、经济、文化、社会、技术等营销环境要素而涉及众多不同题项，同时也因国家形象概念理解和研究侧重的不同而差异明显。本书研究的国家形象立足外部公众对特定国家及其居民的总体态度，预调查问卷的提出主要参考具有相同的理论视角且被引用较多的 Parameswaran 和 Pisharodi（1994）设计的整体国家形象量表。

该量表是作者在梳理前人国家形象研究的基础上形成的，共包括 12个题项，分别测量国家形象的认知、情感和意动成分，其中大部分题项已经在此前的研究中采用（Parameswaran & Yaprak，1987；Pisharodi & Parameswaran，1992；Yaprak & Parameswaran，1986），并在后续研究中被较多引用。考虑到目前基于态度理论的国家形象研究，倾向于从认知形象和情感形象两个方面对概念进行测量，本书参考两篇近期研究文献测量量表（Kan et al.，2014；Lee et al.，2014），结合本次研究需要，进行修改后形成了本次研究的外显国家形象预调查问卷，共 11 个题项，见表 4-1，主要参考文献见表 4-2。对于问卷中每一个题项的测量，采用李克特 7 点量表（1="非常同意"，2="同意"，3="比较同意"，4="中立"，5="比较不同意"，6="同意"，7="非常不同意"）。

4.1.2.2　预调查问卷的信度分析

为了保证理论假设检验的可靠性和有效性，首先运用初始量表进行预调查，并对预调查问卷进行信度和效度分析，得出用于检验假设的正式量表。研究选取烟台某高校本科生作为预调查的方便样本，发放外显国家形象测量问卷 60 份，回收有效问卷 60 份。

信度是指根据测验工具对同一事物进行重复测量时，所得结果的一致性或稳定性。"信度适用于测验分数而非测验本身"（傅粹馨，1998），在研究过程中，考虑到被试会受时间、环境等因素干扰对量表内涵产生不同的感知和理解，即使采用前人检验或修订过的量表，最好还是进行预测以重新检验量表的信度（吴明隆，2010）。

表 4-1　　　　　　　外显国家形象预调查问卷题项列表

国家形象维度	题项编号	测量题项
认知形象	A1	韩国是一个经济发达的国家
	A2	韩国是一个教育水平高的国家
	A3	韩国是一个生活水平高的国家
	A4	韩国是一个技术研究水平高的国家
	A5	韩国是一个富足的国家
情感形象	A6	韩国文化具有吸引力
	A7	韩国人是勤奋努力的
	A8	韩国人是友好的、可爱的
	A9	韩国人是值得信任的
	A10	韩国人是爱好和平的
	A11	韩国人是有创新精神的

资料来源：作者整理绘制.

表 4-2　　　　　　　外显国家形象量表主要参考文献

主要参考文献	对象国家	测量题项
Parameswaran & Pisharodi（1994）	德国；韩国	友好可爱；艺术性和创造性；工作努力；专业教育；产品标准高；生活水平高；专业技术；政治观点相似；经济相似；文化相似；参与国际事务
Kan et al.（2014）	中国；法国；西班牙	富裕的国家；有先进的工业技术；产品整体质量高；教育水平高；有先进的零售营销思想；健全的法律环境；有吸引人的文化；国民值得信赖；国民工作努力；国民有创造性；国民非常可爱
Lee et al.（2014）	韩国	认知水平；经济发展；生活水平；文化相似；积极情感；有吸引力；访问倾向

资料来源：作者整理绘制.

　　在多选项量表中，内在信度特别重要。所谓内在信度，指的是每一个量表是否测量单一概念，同时，组成量表题项的内在一致性如何。本研究以 Cronbach's α 系数来判断外显国家形象量表中各题项的内部一致性。Cronbach's α 系数测量是李克特态度量表信度检验中常用的方法之一（吴明隆，2010），其含义是 Cronbach's α 系数越大，说明所测量表各题项之间的相关性越大，量表内部一致性越高。

目前，可接受的最小 Cronbach's α 系数值并没有统一的标准。吴明隆（2010）综合多位学者的观点，针对总量表和量表的构念提出信度内部一致性系数指标判断标准，见表 4-3。

表 4-3　　　　　　　**Cronbach's α 系数指标的判断标准**

Cronbach's α 系数	层面或构念	整个量表
α 系数<0.50	不理想，舍弃不用	非常不理想，舍弃不用
0.50≤α 系数<0.60	可以接受，最好增加题项或修改语句	不理想，重新编制或修订
0.60≤α 系数<0.70	尚佳	勉强接受，最好增加题项或修改语句
0.70≤α 系数<0.80	佳（信度高）	可以接受
0.80≤α 系数<0.90	理想（甚佳，信度很高）	佳（信度高）
α 系数≥0.90	非常理想（信度非常好）	非常理想（信度很好）

资料来源：吴明隆.问卷统计分析实务——SPSS 操作与应用［M］.重庆：重庆大学出版社，2010（5）：244.

使用 SPSS 19.0 软件对外显国家形象预调查问卷进行信度分析，结果见表 4-4。从信度分析结果来看，本研究中外显国家形象预测的 Cronbach's α 系数为 0.881，接近 0.9，信度非常理想。

值得注意的是，题项 A1 修正的项目总相关系数为 0.397，表明该题项与其他题项的内部一致性较低，而且该题项删除时，新的 Cronbach's Alpha 值为 0.883，大于 0.881，也显示该题项与其他题项的内部一致性较差。但是，考虑到包含题项 A1 的外显国家形象量表的信用指标值已经达到甚佳水平，而且删除该题项后的新 α 系数仅增加 0.002，因此可以将这两项指标值作为参考，暂时保留题项 A1。

表 4-4　　　　　　　　　　外显国家形象预调查问卷的内在信度

	项目删除时的尺度均值	项目删除时的尺度方差	修正的项目总相关	项目删除时的Cronbach's Alpha 值
A1	32.33	54.090	0.397	0.883
A2	32.28	50.749	0.656	0.866
A3	32.60	51.939	0.617	0.869
A4	32.00	50.712	0.577	0.872
A5	32.08	50.552	0.729	0.862
A6	31.82	50.627	0.506	0.879
A7	31.97	49.931	0.607	0.870
A8	32.32	53.779	0.489	0.877
A9	31.88	52.342	0.626	0.869
A10	32.18	51.779	0.671	0.866
A11	32.20	50.400	0.740	0.862

可靠性统计量

Cronbach's Alpha	基于标准化项的 Cronbach's Alpha	项数
0.881	0.886	11

资料来源：根据 SPSS 19.0 输出结果整理.

4.1.2.3　预调查问卷的效度分析

效度，即测量的有效性或可靠性，是指测量结果对研究者欲测心理或行为特质反映的真实程度。本研究采用的外显国家形象量表在前人研究公认或采纳较多的量表的基础上修改确定，所以具有较可靠的内容效度。下面对预调查量表进行因子分析，判断各题项是否还需要调整，从而确保良好的建构效度。

在预调查问卷中大都选用探索性因子分析检验构建的效度（吴明隆，2010），运用 SPSS 19.0 软件对包含 11 个题项的外显国家形象量表进行分析，因子分析适用性检验结果，见表 4-5，KMO（0.836）和 Bartlett's 球形检验（P=0.000）说明量表适合进行因子分析。然后采用主成分分析法萃取特征值大于 1 的公因子，进行方差最大正交旋转，并参照碎石图确定外显国家形象构成因子的有效数量。因子载荷小于 0.4 或者同时在两个或以上因子的交叉载荷量都大于 0.4 的题项全部被剔除。

表 4-5　　　　**外显国家形象的 KMO 及 Bartlett's 球形检验**

取样足够度的 Kaiser-Meyer-Olkin 度量		0.836
巴特勒球形检验	近似卡方分布	364.803
	自由度	55
	显著性 Sig	0.000

资料来源：根据 SPSS 19.0 输出结果整理．

　　因子分析结果显示，萃取得到 2 个外显国家形象构成因子，可解释总变异量的 65.922%，韩国外显国家形象的正交旋转探索因子分析，见表 4-6。"韩国人是有创新精神的"这一项在两个因子上的交叉载荷量分别是 0.677 和 0.468，出现双重载荷，所以剔除此项，其他各题项因子载荷均大于 0.6。因此，得到包含 2 个构成因子的外显国家形象量表。2 个构成因子意义清晰，第 1 个因子包括"韩国是一个经济发达的国家""韩国是一个教育水平高的国家""韩国是一个生活水平高的国家""韩国是一个技术研究水平高的国家""韩国是一个富足的国家"5 个题项，反映被试的外显国家形象认知成分，信度系数为 0.856；第 2 个因子包括 "韩国文化具有吸引力""韩国人是勤奋努力的""韩国人是友好的、可爱的""韩国人是值得信任的""韩国人是爱好和平的"5 个题项，反映被试的外显国家形象情感成分，信度系数为 0.852。

　　经过对初始量表的预调查问卷的信度和效度分析，得到本研究外显国家形象测量的正式量表，见附录 A。

4.1.3　内隐国家形象测量

4.1.3.1　实验方法

　　内隐态度经由个体对信息无意识的、自动化的加工过程形成，并可以在被试毫不知情的情况下激活。与运用量表直接调查被试可报告的外

表 4-6 　　　　韩国外显国家形象的正交旋转探索因子分析

外显国家形象	因子载荷		解释方差的百分比	α系数
	认知形象	情感形象		
因子1：认知形象			33.144%	0.856
韩国是一个经济发达的国家	0.722			
韩国是一个教育水平高的国家	0.793			
韩国是一个生活水平高的国家	0.868			
韩国是一个技术研究水平高的国家	0.702			
韩国是一个富足的国家	0.823			
因子2：情感形象			32.778%	0.852
韩国文化具有吸引力		0.778		
韩国人是勤奋努力的		0.714		
韩国人是友好的、可爱的		0.875		
韩国人是值得信任的		0.798		
韩国人是爱好和平的		0.743		

资料来源：根据 SPSS 19.0 输出结果整理．

注：抽取方法：主成分分析；旋转方法：方差最大法（Kaiser 标准化）。

显态度不同，大量内隐态度的测量是以联想为基础的间接过程（温芳芳、佐斌，2007）。Greenwald et al.（1998）等人提出的内隐联想测验（implicit association test，IAT）是其中最具代表性的。内隐联想测验（IAT）通过概念词与属性词连接的紧密程度，推断个体对目标对象的态度（佐斌、徐同洁，2015），在国内外内隐认知研究领域应用广泛。但是，考虑到 IAT 使用概念和属性的互补，联想测量具有相对的局限性，本研究选用单类内隐联想测验（the single category implicit association test，SC-IAT）作为内隐国家形象的测量工具。SC-IAT 是 2005 年 Karpinski 和 Lytle 提出的对 IAT 的一种修正，用来测量和单一态度对象之间的联结强度（艾传国、佐斌，2011），而且 Karpinski & Lytle（2005）后续研究显示，相对于其他用以测量单一目标对象内隐社会认知的工具，如 GNAT、EAST 和 ST-IAT，SC-IAT 具有较高的信度。

本研究采用 Inquisit 4.0 编制单类内隐联想测验程序，完成内隐国家形象测量，程序模式见表 4-7。本次设计的 SC-IAT 程序由两个阶段组成，每个阶段都由 24 个练习测验和紧接着的 48 个实验测验组成（Karpinski，2005）。在第一个阶段（韩国+积极的词），要求被试将电脑屏幕中心出现的刺激词汇中代表韩国的词语和积极的词分类在左键上，即按"E"键，消极的词分类在右键上，即按"I"键。为了避免形成反应偏差，代表韩国的词语、积极的词和消极的词是以 1：1：2 的比率呈现，从而保证有 50% 的正确反应在"E"键上，50% 的正确反应在"I"键上。在第二个阶段（韩国+消极的词），刺激词汇中积极的词被分类在左键上，代表韩国的词语和消极的词被分类在右键上。代表韩国的词语、积极的词和消极的词以 1：2：1 的比率呈现，以至于有 50% 的正确反应在"E"键上，50% 的正确反应在"I"键上。刺激样例（如首尔、美妙、沮丧等）在被试做出反应之前呈现 1 500ms，如果被试在 1 500ms 之内没有做出反应，一个"请更快回答"的提醒将出现500ms。这个 1 500ms 的反应窗产生了一种紧迫感，可以减少被试在任务中从事控制性加工的可能性（温芳芳，2007）。

表 4-7　　　　韩国国家形象内隐测量的 SC-IAT 程序模式

步骤	刺激数	功能	"E"键	"I"键	刺激样例
1	24	练习	韩国+积极的	消极的	首尔
2	72	测试	韩国+积极的	消极的	济州岛
3	24	练习	积极的	韩国+消极的	美妙
4	72	测试	积极的	韩国+消极的	沮丧

资料来源：作者整理绘制．

被试阅读指导语后，实验开始，屏幕正中间位置呈现刺激词汇，屏幕的左上角和右上角有对当前任务的提示，如"韩国+积极的"，屏幕下部显示被试每次按键反应的正误，正确显示"〇"，错误显示"×"。所有实验数据均由计算机自动记录。

4.1.3.2　实验材料

（1）内隐态度测量材料

使用 SC-IAT 进行内隐态度测量的原理是通过"积极的"/"消极的"（属性词）与单一目标对象"概念词"的连接紧密程度得出个体对特定对象的内隐态度评价。

首先运用开放式问卷收集实验中所需概念词。针对如下问题："请写出至少 6 个你认为能代表韩国的词语"，对 60 名受访大学生进行调查，结果显示，排名最高的 6 个韩国形象概念词分别是：济州岛、青瓦台、首尔、泡菜、韩剧、三星。选取另外 60 名被试对韩国形象概念词的代表性进行检验，使用李克特 5 分量表，评分从−2 到+2，−2 表示完全不能代表概念词，+2 表示完全能够代表概念词，0 为中性。对每个词的代表性进行单样本 t 检验，结果表明所有词语得分与+2 分无显著差异，评分一致性系数 α 为 0.93，表明概念词的选择具有代表性，可以用于实验。

属性词是参照经典内隐联想测验程序中的分类，包括 6 个积极词和 6 个消极词。其中，积极词有：成功、快乐、友好、发达、美妙和喜爱；消极词有：失败、沮丧、肮脏、落后、讨厌和冲突。

（2）引导材料

研究发现，外显态度在新闻舆论的影响下发生显著变化，而长期形成的内隐态度则较为稳定，并没有受短期舆论的影响而发生显著改变（曾率等，2010）。本研究从权威网站获得有关韩国与中国政治、经济、文体交流的新闻信息，汇总形成引导材料 A 和引导材料 B。引导材料 A 介绍韩国高度重视与中国的政治关系，韩国政府在恶劣天气下冒险救援中国受困渔民以及汶川地震期间韩国在华企业积极捐款的积极材料；引导材料 B 介绍中韩在申请文化遗产方面存在分歧，汶川地震期间少数韩国公众言论过激不当的消极材料（详见附录 D、E）。两类引导材料都刻意选取有针对性的视角，以求引导被试进入不同方向的态度建构。比如，积极材料中关于韩国政府积极救援遇险渔民的描述来自《人民日报》2006 年 3 月 22 日的一篇报道，报道没有详细介绍我国渔民海上遇险的前因后果，而是凸显渔船遇险之后中韩两国政府的合作营救，并配以"韩国海洋警察厅制订搜救方案"的图片,积极的议程设置意味显而易见。

4.1.4　实验过程

为保证实验效果,被试每 5 人为一个测试组,共 14 组,随机确定 1~7 组为积极组,8~14 组为消极组,分组完成后,在一名心理学专业研究生的指导下依次以组为单位进行实验。整个实验过程包括基础国家形象测量和背景材料引导下的对比国家形象测量两个阶段。第一阶段,向每组被试发放韩国国家形象调查问卷,测量被试对韩国的外显态度,完成后进行 SC-IAT 实验。内隐实验结束后,休息 3 分钟,填写国家形象形成的信息来源和信息媒介调查问卷(后续研究使用)。进入第二阶段,发放引导材料(积极组发积极材料;消极组发消极材料)。要求被试用 3 分钟时间认真阅读引导材料,并对根据阅读材料得出的结论在备选答案中进行选择,以增加材料引导效果。选择完成后,进行对比外显态度测量,最后进行 SC-IAT 对比测量。

4.2　结果与分析

4.2.1　数据收集与整理

实验第一阶段,收集被试对韩国外显态度测量问卷 70 份,被试对韩国内隐态度实验数据 70 份,国家形象形成的信息来源和信息媒介调查问卷 70 份。实验第二阶段,分别收集积极材料和消极材料引导下的外显态度后测问卷各 35 份;收集积极材料和消极材料引导下的内隐态度后测实验数据各 35 份。

按照 SC-IAT 的数据处理原则,错误率高于 20%的内隐实验数据被剔除,同时依据 Karpinski 和 Steinman(2006)使用的 SC-IAT 的数据处理方法,删除单次实验中反应时高于 10 000 ms 和低于 350 ms 的数据,并对错误反应的反应时进行修改,将错误反应时替换成其所在步骤的正确反应时加上 400 ms 的惩罚。在外显态度测量问卷、信息来源与信息媒介测量问卷方面，剔除回答不完整的问卷和未认真作答的问卷，如问项作答呈直线形或"Z"字形的问卷（贾跃千，2009）。

依据以上标准得到对三组问卷同时有效的被试测量数据 61 份，其中积极引导实验数据 31 份（每份实验数据包括该名被试外显态度和内隐态度的前测数据与积极材料引导下的后测数据），消极引导实验数据 30 份（每份实验数据包括该名被试外显态度和内隐态度的前测数据与消极材料引导下的后测数据）。

4.2.2　被试对韩国的基础态度

4.2.2.1　被试对韩国外显态度的描述性统计分析

实验第一阶段调查被试对韩国的基础态度。通过对 61 份有效外显态度调查问卷进行描述性统计分析，见表 4-8，可以看出，在基础外显态度测量的 10 个题项中，极小值是 1，极大值是 7，极小值均值为 2.54，极大值均值为 3.28。对每位被试的 10 个题项得分进行加总，得到其问卷总分，记为"A 总分"，代表该被试对韩国的基础外显态度。表 4-8 中，被试对韩国的基础外显态度的极小值为 11，极大值为 49，均值为 30.63，略低于平均水平。根据外显态度问卷的评分方式，得分越高表示对韩国的态度越倾向于"消极"，得分越低表示对韩国的态度越倾向于"积极"，因此被试对韩国的基础外显态度是偏向积极的。

4.2.2.2　被试对韩国的基础内隐态度

将 61 位被试的相容任务反应时与不相容任务反应时进行比较，并进行配对 t 检验，结果见表 4-9。统计分析结果显示，无论是总样本还是按性别分类，不相容任务的平均反应时都显著高于相容任务的平均反应时，表明被试更倾向于将韩国与积极词联结在一起。

内隐效应的计分采用 D 分数，其计分方法是用被试不相容任务的平均反应时，减去相容任务的平均反应时，再用二者之差除以所有正确反应（不包含原先错误反应）的反应时的标准差。依据 D 分数的计算规则对数据进行处理，得到总样本、男生和女生的韩国内隐态度的 SC-IAT 内隐效应值分别为 $D=0.34$、$Dm=0.22$ 和 $Dw=0.4$。内隐效应（D 值）为 0 表明被试对韩国的内隐态度为中性，既不积极也不消极（*Karpinski &*

表 4-8　　　　　　　基础外显态度的描述性统计分析（N=61）

题项	均值	标准差	极小值	极大值
A1	2.54	0.905	1	6
A2	2.56	0.940	1	6
A3	2.59	0.901	1	6
A4	3.02	0.922	1	6
A5	2.72	0.839	1	6
A6	3.05	1.296	1	7
A7	2.90	0.943	1	6
A8	2.84	0.934	1	6
A9	3.28	0.859	1	6
A10	3.20	1.108	1	6
A总分	30.63	6.570	11	49

资料来源：根据 SPSS19.0 输出结果整理.

表 4-9　　　　相容任务与不相容任务的平均反应时（M±SD）　　　单位：毫秒

	n	不相容任务	相容任务	t	p
总样本	61	614.02±67.29	570.15±49.78	6.222	<0.01
男生	26	609.17±65.54	582.00±49.00	2.270	<0.05
女生	35	617.63±58.64	561.34±49.20	7.030	<0.01

资料来源：根据 SPSS19.0 输出结果整理.

Steinman，2006）。以 0 为标准分别对总样本、男生和女生做单样本 t 检验，结果发现 3 个 D 值都达到显著水平，见表 4-10。对照 Cohen（1988）定义的 d 效应量大小标准（d=0.2，小，即 0.2≤d<0.5；d=0.5，中，即 0.5≤d<0.8；d=0.8，大，即 0.8≤d），被试整体显示对韩国中等积极的内隐态度，男生对韩国的积极内隐态度偏低，而女生对韩国的内隐态度达到了高度积极的水平，这一差异的形成需要后续国家形象感知形成的研究进一步探索和解释。

表 4-10　　韩国内隐态度 SC-IAT 内隐效应（D 值）的差异检验

	n	M±SD	t	p	Cohen's d
总样本	61	0.34±0.43	6.223**	<0.01	0.79
男生	26	0.22±0.48	2.338*	<0.05	0.46
女生	35	0.40±0.49	7.01**	<0.01	0.82

资料来源：根据 SPSS 19.0 输出结果整理.

注：Cohen's d 表示内隐联想效应 D 值与"0"单样本 t 检验的效果量 d 值。

4.2.2.3　被试对韩国的外显态度与内隐态度的相关性分析

将被试对韩国的外显态度总得分与内隐效应 D 值计算积差相关，得到相关系数为 0.088（p>0.05），表明被试对韩国的外显态度与内隐态度不具有相关性，见表 4-11，即国家形象包含外显和内隐两个独立的构成成分。

表 4-11　　被试对韩国内隐态度和外显态度的相关性分析

		n　　　A 总分	前测 D 值
A 总分	Pearson 相关性	1	0.088
	显著性（双侧）		0.501
	N	61	61
前测 D 值	Pearson 相关性	0.088	1
	显著性（双侧）	0.501	
	N	61	61

资料来源：根据 SPSS 19.0 输出结果整理.

注：Cohen（1988，1992）认为，相关系数 0.10～0.29 是小的效应；0.30～0.49 是中等效应；等于或大于 0.50 是大的效应量。

4.2.3　积极条件干预下被试对韩国的态度

4.2.3.1　被试对韩国外显态度前测与后测对比分析

对 31 名被试对韩国外显态度前测与后测问卷进行描述性统计分析，发现在阅读积极干预材料后，无论积极组被试整体还是按性别分组，对韩国的外显态度都发生了变化，变得更加积极。对积极条件干预下的外显态度前测和后测问卷得分进行配对样本 t 检验，结果显示在阅读积极干预材料的条件下，积极组总样本和女生被试对韩国的外显态度发生了显著变化，更偏向积极，而男生对韩国的外显态度并没有发生显著变化，见表 4-12。

表 4-12 　　　积极组外显态度前测与后测的差异检验

	n	前测得分	后测得分	t	p
总样本	31	28.55±4.35	26.58±5.70	2.820**	<0.01
男生	13	28.46±3.95	26.77±5.45	1.563	>0.05
女生	18	28.61±4.73	26.44±6.03	2.313*	<0.05

资料来源：根据 SPSS 19.0 输出结果整理.

4.2.3.2　被试对韩国内隐态度前测与后测对比分析

计算 31 位被试对韩国内隐态度前测与后测的 SC-IAT 内隐效应 D 值，并对积极干预条件下，前、后测阶段内隐联想效应 D 值进行配对样本 t 检验，见表 4-13。$t_2<0$，表明在阅读积极干预材料的条件下，被试的后测得分高于前测得分，但没有达到显著水平，即被试对韩国的内隐态度并没有发生显著变化。

表 4-13 　　　积极组内隐态度前测与后测的差异检验

	n	前测得分	后测得分	t	p
总样本	31	0.39±0.44	0.41±0.52	−0.214	>0.05
男生	13	0.37±0.47	0.38±0.68	−0.073	>0.05
女生	18	0.40±0.43	0.42±0.38	−0.237	>0.05

资料来源：根据 SPSS 19.0 输出结果整理.

4.2.4　消极条件干预下被试对韩国的态度

4.2.4.1　被试对韩国外显态度前测与后测对比分析

对 30 名被试对韩国外显态度前测与后测问卷进行描述性统计分析，发现在阅读消极干预材料后，无论积极组被试整体还是按性别分组，对韩国的外显态度都发生了变化，变得偏向消极。对消极条件干预下的外显态度前测和后测问卷得分进行配对样本 t 检验，结果显示在阅读消极干预材料的条件下，被试对韩国的外显态度发生了显著变化，转为偏向消极，见表 4-14。

表 4-14 消极组外显态度前测与后测的差异检验

	n	前测得分	后测得分	t	d_3	p
总样本	30	28.83±7.00	36.30±9.11	−8.143**	0.92	<0.01
男生	13	27.54±4.70	33.15±7.02	−4.946**	0.94	<0.01
女生	17	29.82±8.36	38.71±9.97	−6.892**	0.97	<0.01

资料来源：根据 SPSS 19.0 输出结果整理.

4.2.4.2 被试对韩国内隐态度前测与后测对比分析

计算 30 位被试对韩国内隐态度前测与后测的 SC-IAT 内隐效应 D 值，并对消极干预条件下，前、后测阶段内隐联想效应 D 值进行配对样本 t 检验，见表 4-15。$t_4>0$，表明在阅读消极干预材料的条件下，被试的后测得分低于前测得分，但没有达到显著水平，即被试对韩国的内隐态度并没有显著差异。

表 4-15 消极组内隐态度前测与后测的差异检验

	n	前测得分	后测得分	t	p
总样本	30	0.39±0.44	0.41±0.52	−0.214	>0.05
男生	13	0.37±0.47	0.38±0.68	−0.073	>0.05
女生	17	0.40±0.43	0.42±0.38	−0.237	>0.05

资料来源：根据 SPSS 19.0 输出结果整理.

4.3 研究结论

4.3.1 国家形象具有二重性

双重态度理论模型为基于态度理论的国家形象构成研究提供了一个

全新的视角，与一般意义上国家形象具有认知成分和情感成分的普遍认知不同，双重态度理论模型引导研究者去探索国家形象的内隐成分。内隐态度是态度中无意识的一面，不易察觉，无法直接测量，但诸多研究证实，在态度影响个体行为的过程中，内隐成分确实具有一定作用（Karpinski & Hilton，2001；Egloff & Schmukle，2002；Perugini，2005），尤其是在社会敏感的行为或意识难以控制的行为方面（刘俊升、桑标，2010）。SC-IAT 实验以反应时为指标，是间接测量内隐态度的有效工具。本研究运用 SC-IAT 实验测试被试对韩国的态度，发现 61 名被试倾向于将韩国与积极词联结在一起，对韩国具有中等积极的内隐态度，与此同时，被试的外显测量量表显示了较为一致的偏向积极的结果。

内隐态度的提出有助于人们更全面地把握态度这一复杂的心理结构，以及更好地理解态度对行为的影响，同时也给研究者提出了许多有待验证的新课题，外显态度与内隐态度的相关性就是其中之一。Greenwald & Banaji（1995）提出内隐社会认知概念至今，关于内隐态度的研究日益丰富，但是大量的实证研究却给外显态度与内隐态度的关系提供了不同的证据，一些研究证实在刻板印象和偏见两个领域，外显态度与内隐态度的相关性较低，甚至不相关（Asbum-Nardo，Knowles & Monteith，2003；Hugenberg & Bodenhausen，2004；Neumann，Hulsenbeck & Seibt，2004），不过，很多研究也发现所测量事物的社会敏感程度、态度的强度、个体特征等因素会带来较高的相关性（Nosek 等，2002；Nosek，2005；吴明证，2005）。本研究实验第一阶段，对被试外显态度和内隐态度的相关性检验发现，二者不具有相关性（$r=0.088$，$p>0.05$）。实验中外显测量结果与内隐测量结果相关不显著，说明两个测验测量的内容是不同的，自陈量表测量的是被试经过意识加工，呈现的对韩国的外显态度，SC-IAT 实验测量的是被试对韩国内隐的、无意识的态度，内隐态度与外显态度的分离符合态度的双重结构模型，假设 H1 得到支持。

在此结论基础上，为便于表述，后续研究将被试自陈量表测得的结果称为外显国家形象，相应地，将内隐测量结果称为内隐国家形象。

4.3.2　内隐国家形象的稳定性和可变性

双重态度模型理论认为个体对某一态度客体可以同时具有外显和内隐两种评价，过去的经验痕迹在外显态度发生改变时，留存在人的记忆中，形成内隐态度，潜在地影响着人们的认识和行为。这一过程较为缓慢，但内隐态度一旦形成则较为稳定，很难改变。

本研究实验第一阶段，在未施加干预条件下，被试对韩国的外显态度和内隐态度都是显著偏向积极的。实验第二阶段，分别对被试施加积极或消极干预的条件下，积极组被试的外显态度发生显著的变化（t=2.820，p<0.01），相应的内隐态度的变化并不显著，而消极组被试的外显态度变化则更为显著，由前测中的偏向积极转变为偏向消极（t=−8.143，p<0.01），但是相应的内隐态度变化仍然不显著。因此，本研究实验证实在积极和消极干预的条件下，被试对韩国的外显态度都发生了显著的变化，而内隐态度变化并没有达到显著水平，支持了内隐态度稳定性的理论观点，研究假设 H2 通过检验。而且，实验干预下被试对韩国外显态度和内隐态度的不同变化走向，进一步证实国家形象具有二重性，外显国家形象和内隐国家形象的形成和改变也呈现分离。

从另外一个角度来看，在积极干预和消极干预的条件下，内隐态度并非没有发生任何变化，只是变化的幅度较小，并未达到显著水平，说明外在信息在影响外显态度的同时也会影响内隐态度，只是可能这种影响还不足够大，或者内隐态度对这类信息不够敏感，因而没有达到显著改变。被试对韩国的内隐态度既表现出稳定性又呈现一定可变性的实验结果为后续国家形象的整合营销传播提出探索的方向，即如果通常的态度改变技术只能改变人们的外显态度，那么究竟何种外在信息刺激以何种方式能更加显著影响目标公众对特定国家的内隐态度？接下来，我们将在这一结论背景下，探索目标公众的各种信息接触在其外显国家形象和内隐国家形象形成过程中所扮演的不同角色。

5 整合营销传播概述

5.1 整合营销传播的诞生——从促销到传播

1960 年，杰罗姆·埃德蒙·麦卡锡（E.Jerome McCarthy）在其出版的著作《Basic marketing: a managerial approach》中，提出了著名的营销组合（Marketing Mix）概念，即包括产品（Product）、地点（Place）、促销（Promotion）和价格（Price）在内的 4P 理论。该理论以简洁明了的划分引领营销实践者在不断变换的环境中了解、把握错综复杂的营销活动，不仅成为长期以来指导企业营销实践的主导思想和有效工具，而且经过菲利普·科特勒等营销学者的丰富和完善，在传统市场营销理论中占据核心地位。尽管麦卡锡在 4P 理论提出之初，就明确了营销组合以消费者为中心的基本理念，并以一个简单的结构图直观表示，但是针对 4P 理论以企业为中心，强调企业在营销活动中具有主导作用的批评和质疑从未停止。具体到促销要素上，类似的指责甚至更加尖锐。

在传统营销学理论中，促销的基本含义是企业运用多种促销工具，促进产品销售。虽然促销也强调与顾客的沟通，但是在批评者看来，无论是直接影响消费者购买行为的销售促进，还是着眼于与顾客加强沟通、树立品牌形象的公共关系，各种促销工具的最终目标都是促进企业产品的销售，这一过程本身还是从企业出发的，甚至带有单向说服、强硬推销的意味。

其实，早在 20 世纪 70 年代，这种理论就因为受到不断挑战而显得捉襟见肘。几乎就在麦卡锡提出 4P 理论的同时，后来首倡"全球化"概念的哈佛大学著名营销学家泰德·莱维特（Ted Levitt）教授针对当时流行的营销状况；在《营销短视症》（Marketing Myopia）一书中提醒道："根本没有所谓的成长行业，只有消费者的需要，而消费者的需要随时都可能改变。"莱维特的观点体现出一种新的视角，比如福特汽车自认为其成功来自于改变生产线以及大量生产而降低了成本。但莱维特认为，其成功的根本原因是洞悉了当时社会对廉价运输工具潜在的巨大需求。他批评当时许多公司管理层花费大量精力在生产流程和其他企业经营层面，但是却忽视了追踪消费者的需要和欲望。为了弥补传统营销价值体系的不足，适应新的市场背景，1990 年，美国市场营销专家劳特朋提出了"整合营销（Integrated Marketing）"的新概念。他认为，企业运营过程中的全部活动都需要以营销为核心协同作业，而原来的"4P"已不能满足现有需要，必须转向"4C"：Consumer（顾客欲望与需求）、Cost（满足欲望与需求的成本）、Convenience（购买的方便性）以及 Communication（沟通与传播）。从消费者出发的 4C 理论以沟通（Communication）取代促销（Promotion），强调与消费者之间的对话、互动而不是单向的通知、劝说和提醒。

如果说 4C 理论是在全面反思 4P 理论基础上的一种视角转换（星亮，2013），此时沟通与传播依然是与客户的欲望与需求、满足欲望与需求的成本、购买的便利性并列的营销要素，并共同构成"这个时代的新教义"。那么，整合营销传播理论则赋予营销传播更核心的地位，认为其不仅与营销活动相伴而生，而且是在公司职能中占据核心位置的关键要素。

1993 年，世界上第一本系统论述整合营销传播理论的专著《整合营销传播：协同作业》（Integrated Marketing Communications：Pulling

It Together & Making It Work）出版，标志着整合营销传播理论的正式诞生。三位作者唐·舒尔茨、斯坦利·田纳本和罗伯特·劳特朋，全面回顾了整合营销传播的发展沿革，进而细致诠释整合营销传播的基本原理，并对整合营销传播计划、战略、实施和效果评估等操作过程逐一解读，将整合营销传播理论系统而清晰地展现在读者面前。

5.2 整合营销传播的基本概念

5.2.1 整合营销传播的界定

20 世纪 90 年代中期，整合营销传播的概念一经提出就成为学术界和实践领域研究和讨论的热点和前沿。如同很多新开拓的研究领域，整合营销传播最初的讨论主要集中于概念的界定和理论理解，而且持续至今（Laurie & Mortimer，2011）。这一点在 Kliatchko（2008）对 1990-2006 年相关研究的整体回顾中得到印证，概念界定成为唯一贯穿整个时段的主要研究议题。

美国广告代理商同业公会（American Association of Advertising Agencies）在 1989 年为"整合营销传播（IMC）"定义如下："IMC 是一种从事营销传播计划的概念，确认一份完整透彻的传播计划有其附加价值存在。这个计划应评估不同的传播技能，例如广告、直效营销、促销活动与公共关系，在策略思考中所扮演的角色，并且将之整合，提供清晰一致的信息，最大化传播效益。"这个定义强调的是"过程"，即用广告以及其他策略，来达到最佳的传播效果，其重点在于操作工具的有效整合。

Schultz，Tannenbaum & Lauterborn（1993）提出 IMC 的定义："我们可以将 IMC 视为一个全面检视的新方法，而不只是过去我们所看到的营销以广告、公共关系、销售促进、购买及人员销售等的形式存在。IMC 可以重新排列与顾客间的沟通方式，也就是真正站在顾客的角度，就像是在难以辨认的资源中提供一条信息流。"之后，西北大学麦迪尔学院提出了一个由外而内的不同的看法，对 IMC 的定义为："IMC

是发展并执行各种形式说服性传播计划（Persuasive Communication Program）的过程，目标则是希望能直接影响所选定的目标传播听众的行为。考虑到一切消费者以及潜在消费者所接触到的各种品牌或是公司资源，整合营销传播视其为可以传递传播信息的潜在渠道，并进一步运用消费者或是潜在消费者可以接受的所有传播形式。"

另外，Duncan（1994）则将 IMC 界定为："一组策略影响或控制所有信息的过程，它需协调所有的信息和组织所用的媒体，整合影响消费者对于品牌的认知价值，鼓励目的性的对话，以创造和有助于企业、顾客和其他利益关系人间的有利关系。"而由 Duncan 的看法，可看出其论点为 IMC 要改变消费者的认知价值更胜于行为，并将 IMC 的目标对象，从原有的消费者扩大到其他利益关系人，为整合营销传播提出新的观点，更可说是与西北大学的 Schulz 的主张形成对话。再者，当 Duncan 将组织利益关系人加入定义时，就将 IMC 的概念从目标顾客群提升到员工、股东、管理者以及其他任何与组织的运作和获利有直接和间接影响的人。

之后，Shimp（1997）以"一种宽广的声音"的观点，将顾客面群体纳入 IMC 系统中，为 IMC 提供更完整的解释，其定义为："IMC 是对现有及潜在客户长期发展并施行各种不同形式、具说明性的传播活动过程，其目的是去影响或直接牵动目标群的行为，IMC 应该考虑公司或品牌之所有可以接触到目标群的资源，进而实行所有与目标相关之传播工具，使商品或服务的信息得以传送，让目标群接收到"。在 1997 年，由 Terence 以更进一步的观点，为 IMC 的定义又加入了互动的过程，定义如下："IMC 是对现有及潜在顾客长期关系发展需要，所施行的各种不同形态与具说服性的传播活动过程，其目的是影响或带动目标群的购买行为。因此，起始于顾客的需求，再决策与定义传播形态与方法，是整合营销成功发展的关键（张幸超，2004）。"

进入 21 世纪以来，营销环境发生了变化，研究者们对 IMC 的理解也发生了变化，Schultz（2004）将整合营销定义为"发展和实施针对现有和潜在客户的各种劝说性沟通计划的长期过程"。他认为整合营销传播运用与现在和潜在的客户有关并可能为其接受的一切沟通形式。整合营销传播的过程是从现有或潜在客户出发，反过来选择和界定劝说性沟通计划所采用的形式和方法。

事实上，历经二十余年的发展，学界关于整合营销传播的界定和理解层出不穷，却仍然没有达成一致。Porcu et al.（2012）根据定义角度的不同，将近二十年相关整合营销传播研究提出的概念界定划分为三类，分别是：由内而外的视角、由外而内的视角和跨职能的战略视角，整合营销传播的概念分类，见表 5-1。

表 5-1 　　　　　　　　　　　　　整合营销传播的概念分类

界定方式	典型表述	文献列举
1.由内而外的视角：强调营销传播要素的整合以传递"同一个声音"，较少关注消费者导向	"公司谨慎整合与协调其众多沟通渠道以传递一个清晰、一致、令人信服的组织和产品信息"	The American Association of Advertising Agencies（1989）；Kotler（2000）；Percy et al.（2001）
2.由外而内的视角：主动去理解消费者或顾客想要看到的或听到的，以及何时、何地、通过何种方式	"整合营销传播始于消费者或潜在消费者并转而决定以何种形式或方法开发说服性沟通计划"	Schultz（1993）；Schultz et al.（1993）；Terence（1997）；Schultz & Schultz（1998）；Pickton & Broderick（2001）；Fill（2002）
3.跨职能战略视角：着眼于构建驱动品牌价值的利益相关者的关系	"是一个品牌沟通计划、实施和评价的持续、互动和跨职能过程，整合交换过程的所有参与者，使彼此需要满足最大化"	Duncan（2002）；Duncan & Mulhern（2004）；Gould（2004）；Christensen et al.（2008）

资料来源：作者根据 Porcu et al.（2012）整理.

5.2.2 整合营销传播的内涵

虽然关于整合营销传播的界定依然没有能够达成共识，但是我们可以在二十余载的理论拓展研究中梳理提炼出以下三个有助于这一概念理解的基本要点。

（1）以消费者为中心的研究视角

传统市场营销管理哲学中已经确立以消费者为中心的核心理念，整合营销传播则是在深刻洞察信息技术、消费者需求多元化等市场营销环境遽变的基础上，将消费者导向上升到更高的高度来看待（朱红亮、李振国，2009）。IMC 的消费者导向不仅体现在概念界定中的由外而内的视角（Schultz，1993），而且具体体现在整合营销传播的关键流程环节。在舒尔茨等（1993）所提出的五个整合营销传播关键环节（如图5-1 所示）中，消费者细分与传统营销领域中市场细分的内涵基本一致，这里不再赘述，而另外两个在整合营销传播领域具有开创性的观点——发展数据库和接触管理都充分呼应了整合营销传播"消费者导向"的研究视角。

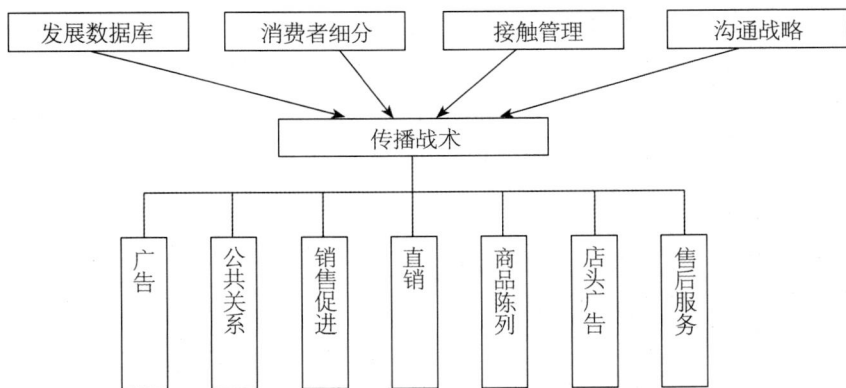

图 5-1　舒尔茨-田纳本-劳特朋的 IMC 模型

资料来源：Don E.Schultz，Stanley Tannenbaum，Robert F.Lauterborn［M］.Intergrated Marketing Communications.New York：McGraw-Hill，1993：15-16.

传统的营销沟通往往可以理解为在特定沟通目标指引下对各种沟通手段如广告、销售促进等的编配使用，因此 IMC 将记载消费者行为特征的数据库作为整合营销传播的起点不仅是一种全然不同的框架设计，更是颠覆性的研究视角转换。

整合营销传播与传统市场营销的根本区别在于整合营销传播是建立在与顾客、供应商等利害关系者之间的双向互动沟通基础上的营销战略体系，这一体系必须保证企业这一行为主体能及时、准确、系统地了解目标顾客等利害关系人的需要，并将这一需要持续地贯彻到企业的经营管理活动中去，尤其是要在自己的营销体系构建中贯彻适应顾客需要的战略策略。所以说，整合营销传播的深层内涵和根本目的是要通过整合营销传播体系来建立、维系和不断加强企业与消费者的持续沟通和价值同盟关系。而要建立、维持和不断加强与顾客等利害关系者之间的双向沟通关系，就必须构建一个能够将企业与其利害关系者联系起来的整合传播数据库系统。

数据库系统能够通过管理客户信息资源，并依据客户需要提供客户满意的产品和服务，从而与客户建立起长期、稳定、相互信任、平衡互动式密切关系的动态过程和经营策略。更进一步说，客户信息数据库系统的核心理念就是将企业的客户（包括最终客户、分销商和合作伙伴）信息资源作为最重要的企业资源，通过完善的客户服务和深入的客户分析来满足客户的需求，保证实现客户所追求的效用和价值，这与整合营销传播的核心理念是完全统一的。此外，客户信息数据库系统的流程维度涵盖着企业的市场营销、销售、服务与技术支持等与客户相关的领域，通过市场营销，客户服务专业人员提供全面、个性化的客户资料，并强化跟踪服务、信息分析的能力，使他们能够协同建立和维护一系列与客户及生意伙伴之间卓有成效的"一对一"关系，从而使企业得以提供更快捷和周到的优质服务，提高客户满意度，吸引和保持更多的客户，使顾客价值和企业价值达到动态对应的实现。

全新的"接触点"概念将从企业出发以大众传媒为主向消费者传递信息的传统营销传播过程，转换为从消费者出发在与品牌或企业的所有接触中接收、感知产品或服务信息的过程。如果说媒介是信息传播的客观渠道和介质，那么接触点所蕴含的从消费者出发的主观性、个性化意味油然而生。以消费者为核心从根本上改变了人们对市场过程的理解，在这个过程中，生产者被定位为解决消费者所面临问题的关键资源，具有沟通性质的消费，需要生产者和消费者互动来产生意义——传播促进了消费的发生（瓦雷，2011）。Schultz（2006）进一步强调在消费者为中心和消费者聚焦之间存在巨大差异，消费者聚焦是当一个组织为了识别销售机会而更多地了解消费者的消费习惯，而以消费者为中心则是组织倾听、确定消费者的需要并试着去满足他们。

（2）系统整合的沟通模式

整合营销传播是企业所提供的信息流在企业内部、消费者和外部环境所组成的系统间流动的过程，企业所有可以利用的与消费者接触的现实或潜在资源、消费者认知和个体特征以及企业的内部环境和外部影响因素等都是系统的组成要素，诸要素相互联系，甚至互为条件（王启万，2009）。

在 IMC 系统梳理的框架下，整合成为 IMC 的重要前提与核心要义。Schultz（1996）曾经给出关于企业整合最直接同时也最深刻的理解，他认为"关于是否需要整合的问题没有任何意义"，因为即使企业传递的信息未经协调、缺乏组织，消费者也会以自己的方式将来自企业的信息进行整理和整合，只是在某些情况下，消费者选择的信息整合标准可能会对企业以及品牌不利。这里的整合既是营销传播战术的整合也是战略的整合。Kitchen 和 Schultz（2001）认为可以将整合划分为四个层次，分别是营销传播的战术协调、重新定义营销传播的范围、信息技术的应用、财务和战略整合，如图 5-2 所示。Duncan 和 Moriarity（1998）则提出三个层次水平的划分，分别是促销组合层面、营销组合层面和企业层面，如图 5-3 所示。

虽然不同学者对于整合营销传播与企业资源整合的水平有不同的划分，但是总体来说，都是从战术的营销沟通手段的整合开始，通过协调运用不同的信息资源和传播媒介，决定何时以何种方式与消费者进行何种主题的接触与沟通（黄澄清，2006），从而保证提供清晰、连贯的信息，实现传播效果的最大化（贝尔奇，2000）。进而将营销组合的其他要素整合其中，整合营销传播不再是帮助企业传递信息、劝说消费者购买的促销组合策略，而是贯穿企业营销过程的战略传播体系，正如舒尔茨等人所强调的"传播即营销，营销即传播，二者密不可分"。最后实现企业层面的整合，不仅是营销包括财务目标也被考虑在内。换句话说，学者们都认同整合营销传播是一个从营销沟通战术到企业战略具有不同水平的整合过程（Laurie & Mortimer，2011），只是各有侧重。在 Kitchen 和 Schultz（2001）的模型中，强调品牌接触点和数据库的应用，

第四层

第三层

第二层

第一层

财务和
战略整合

信息技术的应用

重新定义
营销传播的范围

营销传播的战术协调

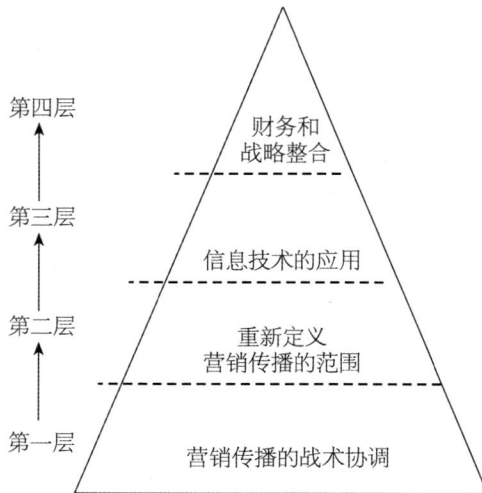

图 5-2 Kitchen 和 Schultz 的整合四层次模型

资料来源：LAURIE S，MORTIMER K．'IMC is dead.Long live IMC'：Academics' versus practitioners' views [J]．Journal of Marketing Management，2011，27（13）：1464-1478.

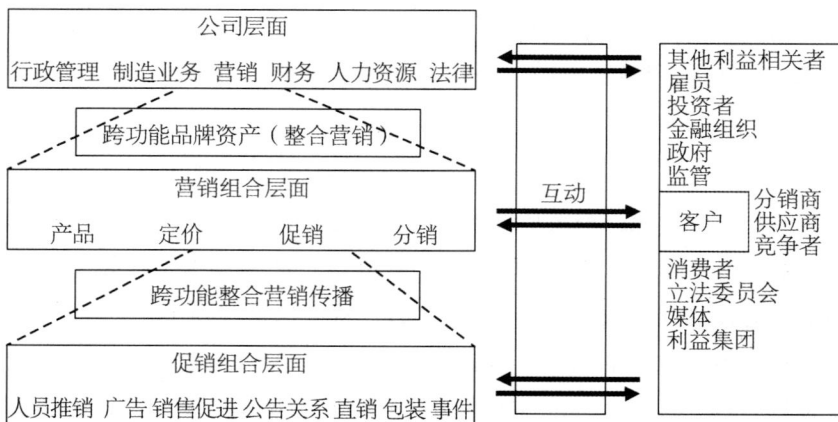

公司层面

行政管理 制造业务 营销 财务 人力资源 法律

跨功能品牌资产（整合营销）

营销组合层面

产品　　　定价　　　促销　　　分销

跨功能整合营销传播

促销组合层面

人员推销 广告 销售促进 公告关系 直销 包装 事件

互动

其他利益相关者
雇员
投资者
金融组织
政府
监管

客户　　分销商
　　　供应商
　　　竞争者

消费者
立法委员会
媒体
利益集团

图 5-3 Duncan 和 Moriarity（1998）的整合三层次模型

资料来源：DUNCAN T，MORIARITY S E. A communication-based marketing model for managing relationships [J]. Journal of Marketing，1998，62（2）：1-13.

以实现信息技术下消费者数据到消费者知识的跨越；而 Duncan 和 Moriarity（1998）的划分，突出了整合营销传播各层次过程与利益相关人的互动。

（3）互动传播理念

整合营销传播是建立在企业与顾客等利害关系者之间互动沟通基础上的现代营销理论，它比以往任何营销理论更强调对顾客需求和消费体验的关注。实质上，整合营销传播所追求的与顾客之间的关系维护也只能靠信息沟通和消费体验这两大车轮来驱动，这不仅是整合营销传播理论的精神，也是时代发展的必然。

20 世纪 80 年代以来，买方市场态势在越来越多的领域中呈现并日趋明朗，市场形态从供不应求的卖方市场转变成供过于求的买方市场，顾客消费从被动消费到主权伸张，信息传播由简单有限转变成传播过度。面对日益激烈的竞争，企业迫切需要改变已有的营销理念，转向关注消费者的需求。进入 21 世纪，在信息技术、全球化等一系列因素的影响下，消费趋势从品牌导向逐渐转变为参与体验导向，与之相适应，营销传播的趋势从劝服诱导式向参与互动式转变。2003 年，舒尔茨与另外两位学者 James W.Peltier 和 John A.Schibrowsky 在题为"互动式整合营销传播：统合 IMC、新媒介以及数据库营销的力量"的论文中提出一个"互动式 IMC"的运作模型，分析显示在融合新媒介的 IMC 中，双向互动沟通成为 IMC 的基本业务流程。作为"范式转变的标志"（Duncan & Moriarity，1998），互动性通过持续的对话与利益相关人建立真实稳固的关系。

企业通过创造性传播活动引导顾客参与，增强顾客的消费体验和对信息把握的准确度及深度，这种顾客参与式的互动性传播活动正是 IMC 的核心策略，凡是能够将品牌、产品和企业文化价值等相关信息传递给顾客或潜在顾客，并能增强顾客消费体验和信息了解的一切传播活动都应该纳入整合营销传播的视野。这种顾客参与互动性传播活动贯穿于 IMC 的纵向和横向传播的整个流程，不会因为消费者的"购买"行为而终止，反而应该通过售后服务等顾客参与式互动性传播活动，继续维系和增强企业与顾客的关系。

与此同时，信息技术推动下新媒介发展迅速，恰恰是新媒介能够调整、传递双向传播信息的巨大优势，使传统媒介难以实现的消费者导向成为现实（陈欢，2004）。

Jensen 和 Jepsen（2006）提出的在线营销传播概念，两位学者认为，由于在线营销传播在媒体功能和工具属性两个方面所具有的特性，如果能将传统的整合营销传播和在线营销传播相结合，那么，企业的营销传播工作就会得到"更好的整合"，并获得更加"完整的营销传播效果"。此后，Gură（2008）提出作为一种新型的营销传播媒介，网络在交互性（interactivity）、透明度（transparency）和可记忆性（memory）三个方面，所拥有的明显特点和优势在很大程度上改变了网络受众的属性和行为，进而影响营销传播实践者们的传播行为。

在信息时代背景下，IMC 依然强调从消费者出发，整合多种接触渠道持续传递一致的品牌形象，只是在新媒介的助力下，可以更易于主动及时倾听消费者的声音，并有针对性地以差异化的整合营销传播资源与形成区隔的特定群组建立持续的对话，实现更为高效的分众化的信息精准投放（高红梅，2013）。

从理论上认识整合营销传播必须强调一些关键性的概念，因为在很大意义上其所带来的观念转变，是建立在对这些关键概念的认同之上的。整合营销传播的第一层级概念主要包含了完整、协同、接触、沟通、互动、关系等因素，而其中至关重要的是接触和关系。对于关系的认识前已述及，而接触对于传统广告人员来说却是一个全新的概念。接触在整合营销传播中的价值远远超过了我们对媒介的认识。按照舒尔茨等人对"接触"的定义：凡是能够将品牌、产品类别和任何与市场有关的信息等资讯传输给消费者或潜在消费者的"过程与经验"，都可称之为接触。根据这个定义，我们发现与消费者接触的方式可谓各式各样。以往的广告传播把消费者的感知界定在对媒介信息的接收上，但实际上媒介尤其是广告信息对消费者的行为动力在不断弱化，可以给予消费者相关信息的"过程与经验"还有很多，诸如人际交往中的口碑传播、产品包装、造型设计、公司环境、商场里的推销、货架陈列等，接触并不会因为购买完成而结束。从某种意义上来讲，正是接触和关系改变了我们对传统营销传播的看法，也导致我们对传统营销传播目的、模式以及传统营销传播价值重新加以审视。

整合营销传播的终极目标指向了品牌资产，而与顾客以及相关利益人之间的关系则成为实现品牌资产的核心价值。这种认识促使企业纷纷从简单的交易性营销转向关系营销，即在企业与顾客和其他利益相关者之间建立、保持并稳固一种长远关系，进而实现信息及其他价值的相互交换。这一切在认识上都揭示了一个不同于以往的事实：对于大部分企业而言，首要的市场任务是服务现有的顾客。过去大多数营销和广告努力都集中在售前活动中，希望获得更多的新客户；现在成熟的企业将更多的资源转而投入到售后活动中，将保持客户作为自己的第一道防线。显然他们已经发现了重视稳定的关系带来的重要利益：提高保有量，扩大顾客终身价值。营销学家科特勒和阿姆斯特朗认为，这种双方的利益需求关系共有五个层次：基本交易关系—反馈式关系—责任关系—前摄关系—伙伴关系。每一个层次都是营销过程中的一环，并且每一个层次都代表了一种递进关系，原始的营销所关注的是简单的交易关系，而整合营销传播则以建立伙伴关系为最高追求，稳定的关系构成了品牌资产的核心，在整合营销传播过程中完整地包含了各种关系形式。

5.2.3 整合营销传播的发展分支

5.2.3.1 基于广告策略的 IMC 理论

自从 IMC 理论诞生以来，基于广告策略的研究一直是研究热点。21 世纪以来，基于广告策略的 IMC 理论研究日益细化，在广告心理学、服务产品的广告以及广告媒介组合等方面取得了一些有价值的成果。Grove 等人（2002）从服务类产品的广告策略角度对如何通过 IMC 来表现服务的无形性问题进行了探索性的研究，并从战术角度研究如何更好地使用 IMC 理论为服务产品的营销服务。Tavassoli 等人（2003）发现，听觉要素和视觉要素会对语言广告起到无意识的负面作用，即干扰消费者对广告的理解。但是，通过 IMC，可以有意识地使视觉要素和听觉要素对广告回忆起到积极的促进作用。试验表明，在英文广告中，听觉要素对广告回忆的促进作用更强一些，而在中文广告中，视觉要素的促进作用更强一些。因此，可以通过 IMC 理论，在多种媒介之间进行整合，同时结合不同的语言环境差异，更好地实现广告的目的。Smith 等人（2006）发现，多个媒体相继作用于受众，而不是同时作用，可能会更有效。两个连续作用的传播媒体之间的时间滞后影响了他们之间的协同效果。

5.2.3.2　基于品牌建设的 IMC 理论

Duncan（2004）在 IMC 研究当中，最大的贡献就在于将品牌关系确定为 IMC 的核心价值追求，并在此基础上提出了关系利益人的概念，围绕着品牌关系和关系利益人提出了一系列原则和方法。他们认为 IMC 之所以无法普遍运用的原因，就在于企业没有彻底改变它的体制和优先顺序，以致 IMC 发挥不了作用，要想增强长期有利的品牌关系，单靠进行 IMC 是绝对不够的，它需要进行一个跨职能的整合过程，包括企业目标的确定，薪金系统的建立，核心竞争力的培养，以及一个可以追踪顾客交易、品牌信息、任务营销等资料的管理系统。IMC 只是整合体系中的冰山一角，营销需要从头到尾重新组合，才能建立起合乎成本效益的品牌关系发展过程。

5.2.3.3　基于整体竞争优势的 IMC 理论

进入 21 世纪后，受市场竞争加剧和传播技术变化的影响，一部分学者对 IMC 的研究转向了从战略角度考虑如何通过 IMC 提供企业整体竞争优势。Schultz（2005）提出，IMC 是在营销与媒体选择不断在改变而且发展迅速的市场中诞生的，IMC 绝对不是静态的经营模式，而是一个动态的过程，并能有效地协助组织在剧烈变化的商业环境中进行竞争。因此，创建一个价值型整合营销的传播过程是非常重要的，在价值导向的 IMC 战略基础上，通过五个步骤来创造企业价值，即识别客户与潜在客户，评估客户与潜在客户的价值，创建并传递信息与激励，评估客户投资回报率，预算、分配与评估。如果说 Schultz 从战略上认识到 IMC 对提高企业整体竞争优势的重要性，并从战术上给出创造企业价值的方法，那么申光龙（2001）则更侧重从战略角度来研究 IMC。他认为，通过 IMC 战略所追求的战略传播的整合创造价值才是企业创造以后竞争优势的唯一方法，他从理论上提出 IMC 战略模型，并归纳出 IMC 战略计划的 9S 模型。

5.3 整合营销传播的驱动因素

5.3.1 驱动整合营销传播的内因和外因

Porcu et al.（2012）对发表于 1991 年至 2011 年间，聚焦于整合营销传播驱动因素研究的 85 篇相关文献进行分析，发现驱动或阻碍整合营销传播项目实施和效果的因素可以被划分为内部因素（内因）和外部因素（外因）两大类，其中内因包括最高管理层、部门间的影响因素、组织系统和结构、其他因素等，外部因素包括市场竞争强度、技术变革和文化制度环境等。

5.3.1.1 驱动整合营销的内因

（1）最高管理层

很多学者都认为最高管理层因素是一个重要的结构性问题。比如，Schultz（1996）建议信息沟通管理的职责应该位于组织金字塔结构的顶层，比如最高管理层；Schultz 和 Kitchen（2000）强调在全球化的市场背景下，将营销沟通的控制和管理置于一个核心位置显得尤为重要。这种基于集中和控制的营销沟通是实现顾客导向的重要保证。

与最高管理层相关的因素具体包括最高管理层的承诺和最高管理层对改变和风险规避的态度。一些学者认为最高管理层的承诺是整合营销传播项目实施过程中最重要的影响因素之一。很显然，如果高级管理者能确保他们说的和做的始终一致，那么中级的管理层则不会因不必要的混乱和含糊而破坏整合营销传播过程中的整合效果，否则就有可能使得不同的营销传播手段呈现结构性分离，各自的管理也各自为政。此外，一些学者认为高层管理者如果能乐于改变阻碍整合营销传播实施的公司政策，并愿意为项目实施承担一定的风险，都将对整合营销传播的实施效果带来积极的影响。

（2）部门间的影响因素

整合营销传播的有序展开不仅源于最高管理者的集中控制，更依赖于组织各部分之间的协调和配合。毫无疑问，整合营销传播过程中的跨部门团队让管理变得更为复杂，因此，影响整合营销传播效果的一个重要因素就是跨职能的管理能力。与此相关的另一个因素是在不可避免的复杂场景下管理者的经验和能力。而在所有被提及的负面影响因素中，部门间冲突和缺乏水平沟通最受关注。缺乏充分的跨部门沟通，公司必然在有关目标公众重要信息的交流和分享上遭遇严重困境。Kim，Han和Schultz（2004）认为正是高效的水平沟通和合理的竞争为美国的消费者带来更多选择。

（3）组织系统和结构

影响整合营销传播实施的另一个重要因素是如何进行整合过程的组织。相关IMC文献指出营销传播也许不是一定要被置于一个独一无二的中心位置，但是必须集中组织管控每一次具体的沟通，以确保传递一致的信息，避免传播资源的分散。对传播控制的理解也是一个关键问题。Duncan和Everett（1993）认为可以将IMC作为信息控制的机制，由此顾客和利益相关者能够构建一个独特、清晰的公司形象。然而，这种信息的集中管控在顾客因其特殊需求或突发状况而需要做出反应时，有可能难以有效应对。正如一些学者指出的，整合的主要障碍往往是僵化的组织结构。因此，有必要以现代组织中的快速反应模型取代传统的关注"命令-控制"的集权式组织结构。

（4）其他因素

除了以上驱动因素，相关文献还提出了其他影响整合营销传播的内部因素，比如组织的大小和类型。有研究显示，组织的规模能够影响其开展IMC的能力。Low（2000）通过实证研究发现品牌层级较为简单的小企业往往较少应用多样化的传播手段。关于组织类型，Low（2000）建议服务企业相对于制造企业应更强调营销传播的整合，这基于一个前提，即服务企业具有与顾客直接接触的途径。然而，Reid（2005）发现大型制造企业比小型服务企业更有可能开展较高水平的整合营销传播，因为大企业有更多资源来提升计划过程，它们能够协调和管理更多的跨职能团队和外部代理机构。

5.3.1.2　驱动整合营销的外因

整合营销传播的外部驱动因素主要包括市场竞争强度、技术变革和文化制度环境。激烈的市场竞争、快速发展的技术以及不断变化的消费者偏好会对公司产生显著影响。Reid（2005）在他的实证研究中确认竞争会对 IMC 产生积极影响。在市场竞争中立足的压力会驱使组织进行 IMC 以实现品牌信息的战略整合传播。这一结论得到 Low（2000）的支持，该研究也发现竞争强度会对 IMC 产生积极影响。参与激烈竞争的公司会发现因品牌传播战略整合所带来的传播效果最大化而获得重大回报。Schultz（1996）则认为技术发展是促动商界重视整合营销传播的一个重要因素，毕竟技术环境变化对经济全球化和相互关联的市场所带来的影响有目共睹，这一趋势使得整合更为必要。

总体来说，市场营销环境的变化显然促进了整合营销传播的发展，IMC 正作为一个新的营销范式被接受，只是由众多不可控因素所构成的营销环境并不一定总是带给 IMC 积极的影响，正如 Kim，Han & Schultz（2004）所指出的，IMC 的发展进程应该是高度动态的，毕竟有些因素会积极驱动 IMC 的应用，而另一些因素则可能阻碍它的发展。

5.3.2　营销传播立方体

Keller（2001）依据 IMC 的系统整合内涵，提出营销传播四面体模型（The Marketing Communication Tetrahedron），如图 5-4 所示。该模型包含影响营销传播效果的四个因素，分别是：消费者因素、传播因素、反应因素和环境因素，借助四面体模型以更宽广的视角理解系统中各要素彼此作用和相互影响所形成的最终结果。Keller 参考 Jenkins（1979）对四面体模型进行了更细致的刻画，我们可以得出进一步的解释，四面体的每一个顶点涵盖与四个要素相关的所有变量，每一条边代表两个因素之间的相互作用，每一平面代表三个因素之间的相互影响，整个四面体则代表所有四个因素之间的相互影响。简言之，营销传播效果的分析就是考量不同的消费者在不同的环境下，面向不同类型的传播因素，产生的不同衡量标准下的反应。接下来，我们逐一对四个影响因素展开讨论。

5.3.2.1　消费者

消费者是整合营销传播的起点，正是如此形形色色的个体在面向特

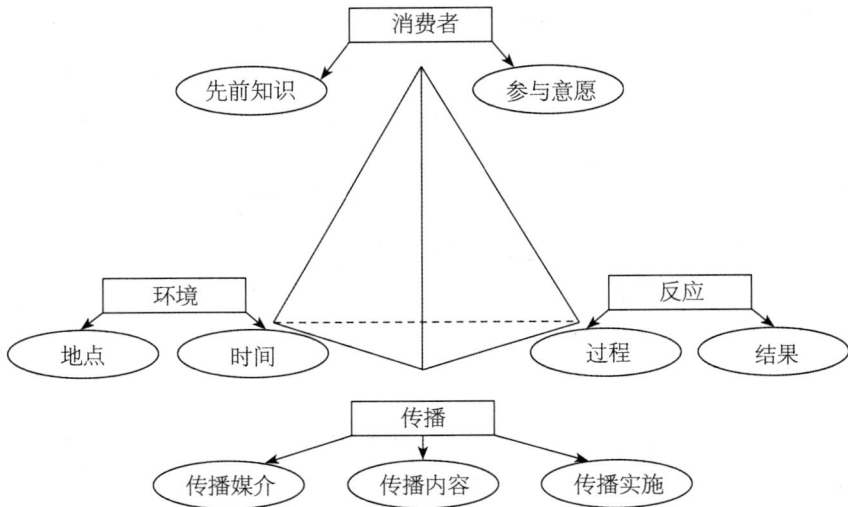

图 5-4 Keller 的营销传播四面体模型

资料来源：KELLER，KEVIN LANE.Mastering the marketing communications mix：micro and macro perspectives on integrated marketing communication programs ［J］.Journal of Marketing Management，2001，17：819-847.

定营销信息的时候，建构形成了各自不同的态度倾向。消费者的不同首先体现为其显而易见的个体特征差异，人口统计学上的（如年龄、职业、教育水平等）、心理上的（如对待自己、他人或者财物的态度等）、行为上的（如品牌选择、使用、品牌忠诚等），在消费者市场，营销者往往会依据以上特征对巨大繁杂的市场进行细分。任何一个特征都会对其接收、感知营销传播信息的效果产生影响，比较典型的包括以下几个方面。

第一，不同的消费者所具有的先前知识有所不同。在这里，我们尤其关注消费者在产品或服务类型、提供产品或服务的公司或组织、品牌以及品牌过往的信息传播等方面的了解程度。例如，这些知识可能包括产品的功能、显著的特征或利益、对品牌的整体评价，以及过去接触产品、品牌、公司的经历等。所有这些知识都可以从数量和性质两个方面去理解——消费者知道的多还是少，消费者对品牌的反应好还是坏。

第二，消费者接收营销信息的时候所具有的购买意愿不同。具体涵盖以下不同阶段：想要购买某类产品；确定了恰当的备选品牌；掌握了关于特定品牌的特点信息；判断或评估了特定品牌的优势；购买选定品牌。而这些不同的购买意愿会因他们自身的紧迫感、所涉及的信息需要等的不同而产生（Alba，Hutchinson & Lynch，1990）。

第三，消费者的营销信息处理意愿不同。相似地，消费者在接收营销信息时所具有的信息处理意愿也并不相同，有的消费者想获得有关品牌的信息，不过也有的消费者并不想了解特定品牌的信息，因为他们本没打算购买此类产品，或者并不认为该品牌是一个合适的备选方案（Mitchell，1981）。

简言之，消费者会因为他们对于产品类别、产品类别中的特定品牌和特定营销传播本身的了解和想要了解的程度而存在差异（Maclnnis，Moorman & Jaworski，1991）。

5.3.2.2　传播

传播因素主要考虑传播工具本身的特点。声音、图像还是动画，书面文字还是口头语言，诸如此类，不同的传播工具本身就具有各自不同的特点。这些最基本的特质在它们如何与消费者沟通以及可能引发何种反馈方面至关重要。

具体来看，营销传播在它的传播内容即"说什么"和传播方式即"如何说"上都可能存在明显差异。一次传播可能蕴含大量有关品牌的信息（比如，印刷广告或直邮广告），也可能什么信息都没有（比如没有任何其他营销传播支持的冠名赞助）。品牌相关信息可能集中在产品有形的方面（如实物产品属性），也可能关注产品无形的方面（如使用者、品牌个性或者品牌背后的公司等），或者关注品牌名称本身。至于如何传播，品牌相关的信息可以借助无限多样化的方式（比如，通过信息或情感的方式；采用音乐、明星、特效等）。

5.3.2.3　反应

消费者的反应是其因营销传播而发生的或暂时或更加持久的改变。消费者的反应可以从过程和结果两个方面进行分析。从过程的角度，认知和情感反应都会发生。比如，在观看电视广告的时候，一个消费者可能体验到一种特定的情感（如温暖、骄傲等），并得到关于品牌的全面判断，等等。而这些反应会因其涉入的水平、评价的性质以及与产品或品牌的关系不同而形成差异，诸如此类。从结果的角度来看，与一定程度的过程相对应，消费者会产生记忆、判断和行为的改变，而且这些改变可以测量。记忆衡量可以关注任何与品牌或传播信息相关的唤醒和识别（Krishnan & Chakravarti，1993；Lynch & SruU，1982）。判断衡量可以反映信念、评价或态度、行为倾向等（Fishbein & Ajzen，1975）。行为测量与选择偏好、后续购买的数量和频率等相关（Bettman，1979；Nedungadi，Mitchell& Berger，1993）。

5.3.2.4　环境

环境因素包括所有营销传播以外能对消费者和营销传播效果产生影响的因素。典型的环境因素包括传播地点、刺激的强度和性质、距离反应测量的时间间隔等。概括地说，环境因素主要与地点和时间相关。

5.4　国家形象的整合营销传播研究

与国外国家形象研究集中于原产国效应领域不同，国家形象传播一直是国内国家形象研究的一个重要方面。刘丽英（2014）通过对中文社会科学引文索引（CSSCI）数据库 2001 年至 2011 年间关于国家形象研究文献进行内容分析，发现在 143 篇国家形象建构研究的文献中，仅以传播为单一主题进行的研究就有 47 篇之多。从传播学的角度来看，国家形象是一个由传播主体、信息传播过程和目标公众构成的互动系统（董小英等，2008）。相关研究从传播主体、信息传播过程和目标公众三个方面展开，取得了较为丰富而有价值的成果。

国家形象行为主体本身的行为过程和行为表现以及媒体的传播是建构形象的主要过程。关于国家形象的传播主体，部分学者持有"单主体说"，即政府（国家），也有学者提出"成熟的国家形象战略需要多元化主体的支撑"（冯惠玲、胡百精，2008），只有吸纳社会各层面的力量，实现有效的"主体下移"才能适应全球化时代国家形象的多元化、多层次特点（程曼丽，2007；冯惠玲、胡百精，2008；刘康，2009），多元化主体不仅包括政府、企业、普通国民，甚至涵盖其他国际行为主体

（李彦冰、荆学民，2010）。信息传播过程的研究是现有文献的主要着眼点，包括传播渠道、策略、内容、机制等方面。其中，大众传媒以其传播范围广、受众数量多、传播速度快的特点成为国家形象塑造、提升的重要途径，是学者们研究的重点。然而，以美国为代表的西方国家占据着全球媒体资源的绝大部分，在国家利益、价值观、意识形态等因素的影响下，西方主流媒体对中国的报道更多集中在负面议题上（涂光晋、宫贺，2008），形成中国国际形象中的负面刻板印象。因此，有学者提出加强国家形象传播新途径的建设，比如人际接触与沟通（何辉，2006）、以网络和手机为载体的新媒体（管成云、郝朴宁，2010；刘康，2009），但是关于新型传播渠道的系统深入研究还很匮乏。国家形象传播机制的研究着重探讨大众传播过程中议程设置、刻板印象对目标公众的影响，缺乏深层次的机理分析。对传播客体的关注主要表现在学者们对不同地区受众所感知的中国国家形象的解读，是一个整体的、抽象的客体研究视角。传播过程虽然发生在传播主体和客体之间，但是这一过程并不是孤立存在的，无论是传播主体还是客体都嵌入在一定的社会背景中，目标公众所处的社会网络、文化等背景因素必然影响其对国家形象的感知。有学者注意到跨文化传播中国国家形象的媒体误读问题，并提出相关建议（党芳莉，2009）。

20 世纪 90 年代末期，"整合营销传播"成为广告、营销领域具有影响力的知识结构，影响着该领域的言语表达、理论建模甚至思想观念（黄迎新，2010）。IMC 不仅是营销和营销传播文献，而且成为营销的内在组成部分，甚至成为许多公司的传播战略（Kitchen，2004）。在这一背景下，一些学者尝试将 IMC 理论应用于旅游目的地营销和地区营销领域的相关研究，但是具体针对国家形象展开的整合营销传播研究还比较少见。

Pike（2008）在大量案例分析的基础上研究目的地的整合营销传播，研究的侧重点在于探索结构、政治、经济等多重力量影响下的目的地营销组织（DMO）进行整合营销传播实践的规则和过程。IMC 中的组织研究一直受到学者的关注。Heath（2003）在他的目的地竞争模型中也提出 DMO 本质上是旅游业多个公共或私人利益相关者的整合体。

Giles（2013）运用互动传播模型和 IMC 的基本理论对两个地区——康沃尔郡和诺森伯兰郡旅游业和区域发展部门的营销沟通进行比较研究，发现地区的营销者必须致力于当地营销沟通与外部目标公众营销传播的整合。国内学者吴子稳等（2005）从整合营销传播的企划模式、营销传播要素和营销传播工具的整合以及营销数据库的建立等方面分析它对我国旅行社营销的指导意义。冷克平、英伟（2006）通过区域营销中的整合营销传播分析，提出了在区域营销中可以采用的几种整合营销传播方式。具体到国家形象的整合营销传播，杜忠锋（2012）联系我国面临的国内外传播与社会语境，论述了国家形象由宣传到营销诉求的学理与实践理由，并结合国家形象的内涵，提出国家形象建构的整合营销传播策略；范红（2013）认为国家形象塑造和传播是一项长期的系统工程，并在对国家形象核心要素和差异化特色进行梳理的基础上，对国家形象整合营销传播策略进行系统阐述。

5.5 小结

国家形象传播是国内国家形象研究的重点领域之一，学者们从传播学视角出发，从传播主体、信息传播过程和目标公众三个方面进行了深入细致的理论研究并提出一系列建设性对策，但是也囿于单一的学科视角而存在一定的局限性。比如，国家形象传播机制的研究着重探讨大众传播过程中议程设置、刻板印象对目标公众的影响，缺少对其他传播媒介机理的分析，而且新闻传播学领域的研究方法基本采用人文主义的思辨研究，实证研究，尤其是量化实证研究较少，国家形象传播机理的实证研究尤为罕见。

20 世纪 90 年代中期，整合营销传播理论一出现，就引发学术界和实践领域的热烈关注，相关研究随之进一步拓展。虽然历经 20 年的发展，学界对整合营销传播的界定仍未能达成一致，但该理论由外而内的消费者导向、整合的沟通模式和互动性特点基本得到共识，并在营销学领域产生深远的理论和实践影响。当前，已有学者注意到以"一种形象，一个声音"持续、协调进行的互动式整合营销传播是实现目标公众国家形象感知的有效方式，国家形象整合营销传播研究初具雏形，但是已有文献普遍关注整合营销传播理论应用于国家形象传播的策略研究，即"如何"的问题，对国家形象整合营销传播的机理，即"为何"的问题，少有追问，从双重态度视角进行的国家形象整合营销传播研究还没有出现。

6 国家形象二重性下的整合营销传播机理分析

　　"营销传播"的概念由来已久，早在 1965 年美国学者埃德加·克兰就在其著作《营销传播学》中首次明确提出从消费者的角度出发，以传播替代促销，就此标志着营销传播理论诞生（星亮，2013）。此后，虽然也有多位学者对该理论进行不断地丰富和发展，但是真正在学界和实践领域引发巨大反响，并对后续研究产生持续影响的还是舒尔茨等人创建的整合营销传播理论。在舒尔茨等（1993）的标志性专著中，整合营销传播被定义为"从消费者出发，以驱动消费者购买行为为目标，把品牌等消费者与企业的所有接触点作为信息传达渠道，运用多种手段进行传播的过程……就像是在难以辨认的资源中提供一条信息流。"在这一奠基性的阐述中，学者们开宗明义地确立了整合营销传播 "以消费者为导向"的核心理念，并开创性地提出"接触点"（conduct point）概念，认为一个消费者就产品或服务与品牌或企业接触的所有方式都可以看作潜在的营销信息传播媒介（冷克平、英伟，2006）。全新的"接触点"的概念跳脱出既往营销传播研究中以广告为主围绕大众传播展开的局限，有助于人们以更开阔的视野看待营销传播渠道和介质。

接下来本书尝试从整合营销传播消费者导向的核心理念出发，探索目标公众如何基于不同国家形象接触点的经验和知识感知形成他国形象的过程，进而在国家形象二重性前提下提出整合营销传播机理研究的相关假设。

6.1 目标公众国家形象感知的概念模型

6.1.1 国家形象是目标公众感知的结果

认知心理学认为，人们对某一事物、人、地方、产品、品牌等的感知是一个从感觉到知觉的认知过程，这一过程经过不断的循环最终形成人们的评价和判断，即形象。感觉是经由感觉器官感知对象在人的头脑形成直接的、零散的初始印象，该印象在感知者已有的心理结构和认知体验的选择和整合下形成认知形象。根据上述理论基础，目标公众的国家形象感知的形成大致可分为这样几个阶段：国家形象的信息刺激过程，目标公众的认知加工过程，认知形象和情感形象形成过程。

（1）国家形象的信息刺激过程。国家形象首先来源于感觉器官对感知对象信息刺激的感觉，因此这一阶段是目标公众透过各种方式和媒介感知国家形象信息的过程，即国家形象的信息刺激施加于目标公众的过程，这一过程形成临时的、零散的国家形象初始感知。

（2）目标公众认知加工过程。目标公众对外界刺激信息产生的初始印象进行进一步的加工处理，形成一定的认知印象，具有知觉过程的整体性、选择性。该知觉过程是受到感知者已有的心理结构和认知体验如自身特质、利益追求、情感、习惯等主观因素的影响。

（3）认知形象和情感形象形成过程。目标公众主观感知的国家认知印象在与外界的交流过程中逐渐形成了具有概括性和综合性的整体的国家形象认知和情感评价。这种抽象形象反过来会影响和调整目标公众个人的初始评价，外部交流不断循环进行，最终形成相对稳定、概括的国家形象。

虽然学界对于上述国家形象形成的具体过程和机制还存有不同的观

点，但一般都认同国家形象的产生基于以下三个核心的要素：国家的客观存在、媒介和公众的主观认知效果（杨旭明，2013）。根据有无媒介的参与，感知主体的国家形象形成路径可以概括为以下两种情况。

6.1.1.1 直接感知

目标公众通过自身视觉、触觉、嗅觉等感觉器官，亲身经历、体验、感知国家，收集有关国家的原始信息和第一手资料，形成个体对国家的感觉，而这些刺激信息经由个体的心理选择和心理反应进而形成整体的、有选择的国家知觉，即在大脑中形成所谓的"国家印象"，如图6-1所示。国家的客观存在系统及其运动固然非常复杂，但是与物质形象形成的一般过程相似，国家形象的形成，即外部公众感知国家形象也是一个从"源像"到"形象"的过程（张毓强，2002）。在这个过程中能够被目标公众感知的刺激信息称之为"源像"，"源像"具有不可描述性，是国家客观存在系统运动过程中产生的信息相互作用。

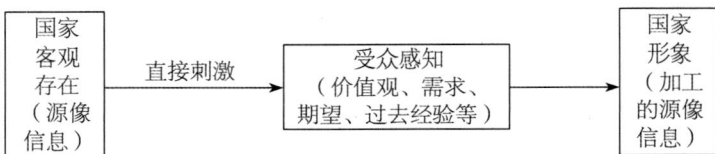

图 6-1 目标公众的国家形象直接感知

资料来源：作者依据杨旭明（2013）整理.

直接接触国家客观存在是目标公众国家形象形成的一手信息来源，虽然在没有媒介参与选择和过滤的情况下，所形成的国家形象感知与客观事实吻合度相对较高，但是在这个过程中，认知结果还是会受到认知主体的价值信念、期望、需求等因素影响而具有选择性，作为信息处理主体，目标公众对国家形象信息的过滤和选择贯穿于信息处理的整个过程，如图6-2所示。

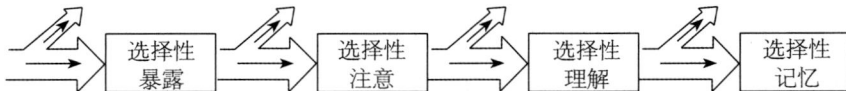

图 6-2 目标公众国家形象信息处理过程

资料来源：喻国明，等. 试论品牌形象管理"点-线-面"传播模式［J］. 国际新闻界，2010（3）：30-40.

　　第一个阶段，对于来自多个渠道的国家形象信息，单个目标公众有选择地允许某些信息进入其关注的范围，即选择性暴露，而具体信息的选择与其媒介接触习惯相关。经过选择暴露于目标公众面前的国家形象信息往往也是海量的。第二个阶段，目标公众会根据自己的需求、兴趣等选择性地注意到其中的一部分，而将不相关的信息剔除，此时目标公众的心理选择和心理反应已经开始发挥作用，比如由于认知一贯性，人们往往会忽略与自己现有态度和知识结构不一致的信息。第三个阶段，目标公众会基于个体心理结构和已有体验对注意到的信息进行解读，在这个心理加工过程中，有些信息被忽略，有些信息被曲解，除却个体现有认知的影响，传播主体的信息编码和媒介选择也有可能造成选择性理解，比如在中国的传统文化中，"龙"代表着尊贵、力量和吉祥，被视为中华民族的象征，但是在英语里，与"龙"相对应的单词"dragon"却是基督教文化中恶魔的象征，而龙落选 2008 年北京奥运会吉祥物恰恰体现了我国国家形象传播过程中对这一文化差异的尊重（黄佶，2006）。最后一个阶段，经过个体主观理解的新信息会被保存下来。根据图式理论，如果外界新的刺激信息与已有图式相吻合，个体会将其接收并整合进入自己的图式之中，而当个体接收的信息过于陌生或与现有图式不一致时，个体则会保持原有图式或能动地对已有图式进行改造来接收整合新信息，只是在认知一贯性的作用下，个体更倾向于保持不变。

　　由此我们可以确定，在知觉选择性的作用下，即便是目标公众直接接触国家客观存在而形成的国家形象，也并非刺激物在人脑中的客观再现，而是一种基于个体心理结构和已有体验的主观印象。

　　6.1.1.2　间接国家形象感知

　　显然个体能够通过身临其境感知国家的可能性非常有限，更多的时候感知主体的国家形象形成需要借助媒介。如图 6-3 所示，在国家信息经由媒介传递给感知主体的过程中，媒介既是联结国家客观存在和感知主体的一座桥梁，通过这座桥梁，人类可以更大限度地了解不能亲临的未知的国家，同时媒介也成为树立在感知主体和国家客观存在之间的一面"滤镜"。媒介在传递国家信息的过程即是一个过滤、加工国家信息的过程，它所选择的国家客观存在信息可以是真实的，也可以是想象的，可以是放大的，也可以是缩小的，正是这些打上媒介选择烙印的加工信息进入个体心理形成国家形象。

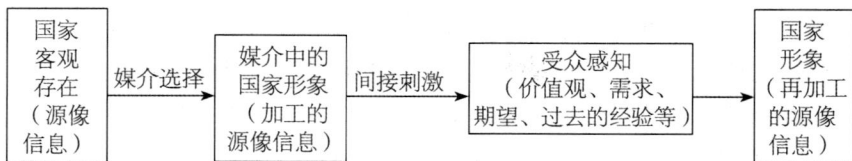

```
┌──────────┐          ┌──────────┐          ┌──────────────┐          ┌──────────┐
│ 国家     │          │ 媒介中的 │          │ 受众感知     │          │ 国家     │
│ 客观     │ 媒介选择 │ 国家形象 │ 间接刺激 │（价值观、需求、│          │ 形象     │
│ 存在     │─────────>│（加工的  │─────────>│ 期望、过去的 │─────────>│（再加工的│
│（源像    │          │ 源像信息）│          │ 经验等）     │          │ 源像     │
│ 信息）   │          │          │          │              │          │ 信息）   │
└──────────┘          └──────────┘          └──────────────┘          └──────────┘
```

图 6-3　目标公众的国家形象间接感知

资料来源：作者依据杨旭明（2013）整理.

　　韦尔伯·施拉姆援引柏拉图在《理想国》中的洞穴比喻提出"人类传播仍然是出影子戏"，正如洞穴中那些被捆住手脚的人只能通过洞壁上摇曳的影子来看身后的走动者，今天的人们仍然只能通过各种影子信息感知这个世界。在这个过程中，媒介把关人的作用毋庸置疑。任何媒介都可以证明其把关人的影响，报社编辑决定刊登哪些来自通讯社的新闻，出版社决定出版哪位作家的作品，制片人决定摄像机指向哪里，甚至一个刚刚结束海外旅行的旅游者也得决定该把旅程中的哪些内容告诉自己的朋友，诸如此类。董小英等（2005）发现与其他三个奥运会举办城市（雅典、悉尼、亚特兰大）的相关报道主题显著不同，世界各国英文报纸、杂志、期刊关于北京奥运会的报道，讨论最多的主题是政治。从 20 世纪早期阴险狡诈野心勃勃的"傅满洲"到 20 世纪后期开始出现的拳脚了得的功夫高手，再到集传统儒家思想和道家哲学于一身的功夫熊猫阿宝，伴随着中国国际交流的加强和国际地位的攀升，好莱坞影片中的中国元素越来越多样化，越来越积极（周文萍，2009）。

　　因此，我们可以将国家形象的形成过程理解为作为事实的国家形象客观存在经由感知主体的直接经验、间接经验及主体的价值信念、需求、期望等因素参与形成其大脑中的对国家各要素的综合感知与评价，即国家形象，如图 6-4 所示。

6.1.2　国家形象感知中的媒介

　　"媒介"（medium）是传播过程不可或缺的要素之一，考察"媒""介"

```
┌──────────┐                直接刺激                 ┌──────────┐      ┌──────────┐
│ 国家     │───────────────────────────────────────│ 受众感知 │      │ 国家     │
│ 客观     │                                        │（价值观、│      │ 形象     │
│ 存在     │  媒介选择  ┌──────────────┐  间接刺激   │ 需求、   │─────▶│（加工/   │
│（源像    │──────────▶│ 媒介中的国家 │───────────▶│ 期望、   │      │ 再加工   │
│ 信息）   │           │ 形象         │            │ 过去     │      │ 的源像   │
│          │           │（加工的源像  │            │ 经验等） │      │ 信息）   │
└──────────┘           │ 信息）       │            └──────────┘      └──────────┘
                       └──────────────┘
```

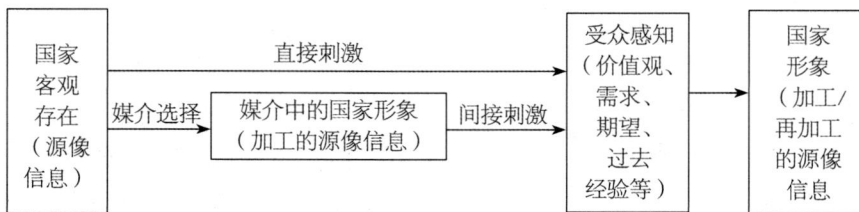

图 6-4　目标公众的国家形象感知

资料来源：作者依据杨旭明（2013）整理.

二字的基本含义可知，媒介可以粗略地解释为处于两者之间，使双方发生联系的人或事物。由此可见，"媒介"一词并非传播领域专有，其应用广泛，在不同研究领域有各自不同的意指——可以是物理学意义上的"介质"，抑或是生物学意义上的"载体"，也可能指代一种文化现象（杨鹏，2001）。作为传播要素而言，媒介的理解则具有不同的范畴，比如著名学者马歇尔·麦克卢汉在其代表作《理解媒介——论人的延伸》中提出"媒介是延伸人类器官的所有工具、技术和活动"，简言之"媒介即万物，万物即媒介"；传播学之父韦尔伯·施拉姆则认为"所有能扩大人类交流能力的事物"即为媒介。如此宽泛、抽象的媒介范畴界定有助于人们从一个更宏观的视角理解媒介的内涵及其在传播过程中的作用和地位，但是据此指导具体问题分析时，却往往因缺乏明确而有针对性的框架和指向而面临困惑。

反观相对狭义的媒介概念，学者们的分歧主要表现在界定媒介含义时与另一相关概念"媒体"的辨析上。面对媒介和媒体的关系，媒介包含媒体的观点认为媒介既是传递或运载特定符号的物质实体，等同于"媒质""介质"，如报纸、广播等，又涵盖实施大众传播的组织机构，如报社、电视台等；媒介等于媒体的观点下，媒介则是"一种能使传播活动得以发生的中介性公共机构"（雷蒙德·威廉斯，2005），与此同时，张忠民等（2010）在对新闻传播类专业期刊内容分析的基础上发现，也许学者们正逐渐达成一个共识——让媒介回归"载体""工具"的本义，而由媒体承载上述的两种内涵；李玮、谢娟（2011）认为出现于19世纪末20世纪初的"媒介"作为信息传播的载体，具有相对的客观性和独立性，而伴随大众传播时代到来的"媒体"则代表了更多的主观性和社会性，此外作者还提出媒介的另一个内涵，即"传递信息的手段、方式，如语言、文字、声音、图像等"，这一界定与施拉姆关于媒介结构的观点有相似之处。

韦尔伯·施拉姆在其代表作《传播学概论》中阐述了媒介的标准结构和功能，如图 6-5 所示，提醒世人注意媒介的某些方面与特点，因为正是它们形塑着我们交流的过程。以广播媒介为例，来自众多制作发行组织的资料和数据构成媒介的内容来源，在此基础上最终形成在经由媒介向受众传播的信息产品——广播节目。

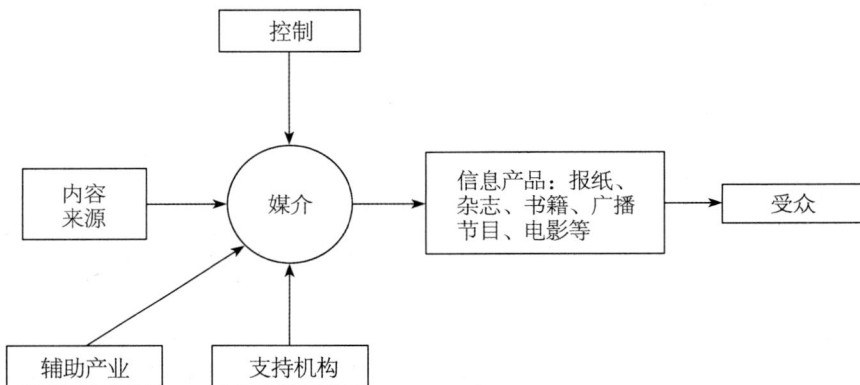

图 6-5 传播媒介的标准结构和功能

资料来源：施拉姆，波特. 传播学概论［M］. 何道宽，译. 2 版，北京：中国人民大学出版社，2010：125.

本书从媒介"使两个事物或人建立联系的介质"的基本内涵出发，以韦尔伯·施拉姆媒介结构的论述为基础，认为在图 6-5 中国家形象信息传播过程的媒介不单是作为中间介质的信息传播载体，如广播、电视、报纸等，而且包含国家形象信息在该载体上呈现的手段和形式，如新闻、电视剧等。换句话说，目标公众正是通过各种载体及其所呈现的不同国家形象信息组织呈现形式形成了感知国家形象。在本书接下来的内容中，为了论述方便，不引发歧义，参照韦尔伯·施拉姆媒介结构的表述方式，以"媒介"指代信息传播载体，从目标公众获取、接收国家形象信息的角度，以"间接信息来源"代表国家形象信息以何种方式组织和呈现于传播载体之上。

6.1.3　目标公众的国家形象信息接触

与传统传播学中从传播主体到公众的传播过程研究不同，整合营销传播的研究视角是从消费者出发，要求企业围绕消费者与企业的接触点协调各种信息传播渠道，组合应用多种有针对性的传播手段，传播一致信息，以"同一个声音、同一个形象"建立、保持与消费者的持续关系。

根据舒尔茨的界定，接触点不仅是营销信息传播的载体，更是消费者与企业、品牌发生接触的"过程与体验"（舒尔茨，1999），另一位整合营销传播大家邓肯则认为："每一个与品牌有关的、消费者或潜在消费者与一个品牌之间的承载信息的互动都可以被称为品牌接触点"（邓肯，2004）。由此可见，从整合营销传播的角度来看，国家形象感知过程也是一个目标公众与某一国家进行接触的过程，在这个过程中各种信息传播媒介、多样化的国家形象信息来源都在一定程度上影响着目标公众最终形成的国家形象，而且这种接触不仅仅是个体单向接受国家形象信息刺激，更蕴含了个体主动获取信息以及双方之间的信息互动。

综上所述，在目标公众感知、建构特定国家形象的过程中，本书基于整合营销传播的视角着重从信息传播的来源和传播媒介两个维度确立国家形象感知的概念模型，如图 6-6 所示。

国家形象的整合营销传播关注目标公众与国家形象信息的接触，更强调以最有效的方式运用不同的接触点传播国家形象信息，影响目标公众感知。本书界定的研究对象为外部公众的国家形象，在此设定下，目标公众经由直接接触感知对象国家的可能较为有限，因此，国家形象整合营销传播的研究着重关注目标公众的间接接触。在第三部分，我们以二重态度模型理论为基础，已经证实国家形象具有外显和内隐两种构成，在积极和消极两种不同倾向阅读材料的引导下，被试的外显态度均发生显著改变而内隐态度的改变则不显著，呈现出实验性分离。因此，本书以国家形象感知的概念模型作为国家形象二重性下整合营销传播机理实证研究的理论框架，尝试探索目标公众间接接触两个维度各主要接

```
┌─────────────────────────────────┐
│           国家客观存在           │
└─────────────────────────────────┘
 直   ┌───────────────────────────┐
 接   │   ┌──────┐   ┌──────┐      │        本文的
 接   │   │ 媒   │   │ 信息 │      │ ◄───   研究重点
 触   │   │ 介   │   │ 来源 │      │
      │   └──────┘   └──────┘      │
      └───────────────────────────┘
              间接接触
┌─────────────────────────────────┐
│           受众感知               │
│     （价值观、需求、期望、       │
│       过去经验等）               │
└─────────────────────────────────┘
┌─────────────────────────────────┐
│           国家形象               │
└─────────────────────────────────┘
```

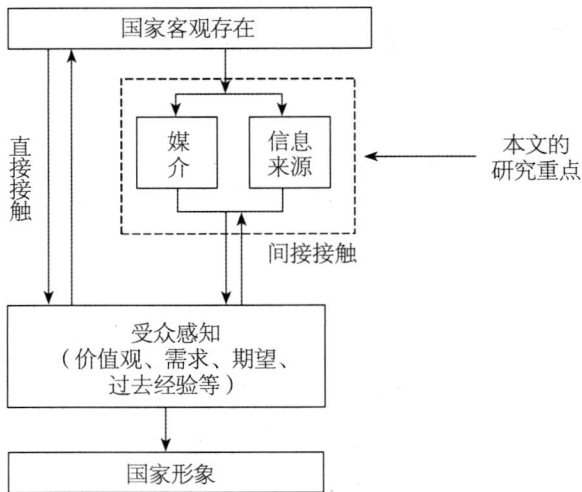

图 6-6　目标公众感知国家形象的形成过程

触点在外显国家形象和内隐国家形象的形成过程中的不同影响。

6.2　信息来源与国家形象

　　如图 6-6 所示，国家形象的形成可以被看作是一个一系列动因或信息来源分别作用于个体的大脑而形成形象的过程，是一系列信息输入和输出产生的结果，也是一个涉及各种信息来源的复杂的传播过程（Kunczik，1997）。传播学视角的国家形象建构研究虽然对国家形象形成过程中的信息传播进行了深入而广泛的研究，但是往往侧重于理论和策略研究，实证分析较少（刘丽英，2014），而在国际市场营销领域的实证研究中，则往往将国家形象作为外生变量探索其对消费者行为的影响和效应。虽然也有学者注意到国家形象与消费者认知的联系，提出消费者对产品原产国国家形象的认知、形成与产品有关（Roth & Romeo，1992；Han，1989；Dowling，2001），但是从接触点的角度，全面分析目标公众信息接触来源与国家形象形成的文献还比较少见。

　　目的地形象与国家形象有着共同的态度理论基础，在国家目的地的层面上，二者具有基本一致的客体，近年来，已经有多位学者注意到二者之间的关系而尝试对国家形象与目的地形象进行整合（张宏梅，2011；Mossberg & Kleppe，2005；Nadeau et al.，2008）。因此，从理论同源性的角度出发，本书参考目的地形象研究领域的经典文献结合国家形象形成的自身特点，对目标公众国家形象感知过程中的信息接触来源展开分析，见表6-1。

表6-1　　　　　　　**影响目的地形象形成的信息来源**

文献	信息来源分类	具体信息来源
Gartner（1993）	公开的诱导信息	大众传媒上的广告、相关组织公开发布的商业信息等
	隐蔽的诱导信息	同样是由传播主体主导，但更为隐蔽，如促销中的庆典活动或相关的报告和文章
	独立自发的信息	来自新闻报道、电影、电视、书籍、杂志等的相关信息
	组织信息	组织信息是亲戚朋友根据他们自己的知识或经历而提供的信息
	亲身体验	亲身接触
Baloglu & McCleary（1999）	专业建议	旅行社、代理机构和航空公司
	口碑信息	亲戚朋友和社交俱乐部
	广告	印刷广告和广播广告
	书籍、电影和新闻	书籍、电影和新闻
Beerli & Martín（2004）	公开诱导信息来源	政府当局发布的游客手册、旅行社宣传手册、广告、旅行社工作人员和互联网
	经验信息来源	亲戚朋友主动提供和询问亲戚朋友获得
	自发信息来源	旅行指南、新闻和流行文化
程圩、隋丽娜（2007）	一手信源	先前经验、访问倾向
	二手信源——诱导信息	电视、报纸和杂志上广告；旅行社或专业人士的建议
	二手信源——原生信息	亲朋好友的推荐、韩流信息、韩流影响力

资料来源：作者整理绘制．

本书根据 Gartner（1993）的理论框架，结合国家形象形成影响因素的文献综述，选取了目标公众感知国家形象的九个二手信息来源，分别属于公开的诱导信息（政府机构主导的各类国家形象广告、旅游企业的商业广告信息）、自发的信息（新闻、影视作品、产品或品牌、仁川亚运会）以及经验信息（熟人的口碑）。由于隐蔽的诱导信息在国家形象的传播中并不常见（Beerli & Martín，2004），已有研究对这类信息来源往往也不予考虑（Baloglu & McCleary，1999；程圩、隋丽娜，2007；王纯阳，2010），因此以上述三类信息来源建立国家形象形成的信息来源模型，如图 6-7 所示。

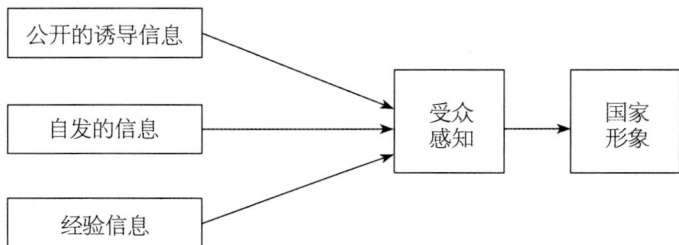

图 6-7　国家形象形成的信息接触来源模型

资料来源：作者整理绘制.

6.2.1　公开的诱导信息

公开的诱导信息是国家形象传播主体为达成一定的营销传播目标而针对特定目标公众发布的诱导性信息（以下简称诱导信息）。关于国家形象的传播主体，部分学者持有"单主体说"，即政府（国家），也有学者提出"成熟的国家形象战略需要多元化主体的支撑"（冯惠玲、胡百精，2008），多元化主体不仅包括政府、企业、普通国民，甚至涵盖其他国际行为主体（李彦冰、荆学民，2010）。从传播信息、建构目标公众国家形象感知的角度来说，本书作者支持传播主体多元化的观点，前述文献梳理已经发现企业的社会责任承担、产品形象都会对目标公众的国家形象感知产生影响，而国民形象则是国家形象的有机组成（程曼丽，2007），但诸如企业、普通国民等主体的国家形象信息传播往往是零散的、自发的，至于国际行为主体对国家形象的建构更是受到国家利益、意识形态、媒体环境等复杂因素影响，因此从传播的主动性和组织性角度看，政府无疑是最重要的传播主体。广告以其"广而告之"的特点，一直是实现企业营销信息传播的重要促销方式，并且广泛应用于非商业领域，是公开诱导性信息传播的主要手段。吴国华等（2013）就中国国家形象广告（人物篇）对421位美国大学生展开调查，结果显示其中态度发生积极改变的被调查者占31%，没有改变的占50%。而就中国香港浸会大学孔庆勤博士的调查来看，这则广告"让外国人很紧张"，反而对中国形象带来负面影响，比较而言，商务部较早投放的"中国制造，携手世界共同制造"广告效果更好[①]。由此，本书设定影响国家形象的第一个公开诱导信息来源是国家及政府机构与目标公众沟通，有目的传递国家形象信息的各类形象广告，如国家形象广告、国家旅游形象广告等。

另一个诱导信息的来源是旅游企业的商业信息。在经济持续稳健发展、人民币汇率降低、部分国家力推免签政策等因素的影响下，中国出境游市场发展迅猛。以韩国为例，韩国旅游发展局的统计资料显示，2014年中国访韩游客猛增41.6%。达到612.7万人次，在整体外国游客中占比增加至43.1%。在旅游目的地积极采取措施吸引中国游客的同时，本地旅游企业也在不遗余力地展开各项推广活动，加强与潜在旅游者的沟通。对于海外游客而言，国家目的地形象与国家形象客体基本一致（Mossberg & Kleppe，2005），旅游企业推广相关旅游产品的过程中进行的目的地信息传播成为目标公众获取国家形象信息的重要来源。

综合以上分析，提出如下假设：

假设 H1-1-1 诱导信息对认知国家形象有显著正向影响

假设 H1-2-1 诱导信息对情感国家形象有显著正向影响

假设 H2-1 诱导信息对内隐国家形象有显著正向影响

---

① 佚名. 中国国家形象片产生负面影响［EB/OL］.［2011-11-17］. http：//news.xkb.com.cn/zhongguo/2011/1117/170368.html..

6.2.2 自发信息

6.2.2.1 新闻

新闻是向人们传播新近事实的信息（宁树藩，1984），其所追求的真实性、独立性、时效性使之成为目标公众接触国家形象信息的重要来源。然而，依据新闻传播的"议程设置"理论，在媒体把关人的突出和选择下，新闻并非客观事实的完整再现，而是在政治、价值观、意识形态、社会背景等复杂因素的综合作用下，按照一定的优先性和选择性而呈现的事实的片段，并由此对目标公众的国家形象感知产生潜移默化的建构作用，"新闻报道的阅读、收看和收听与国家是否受人喜欢紧密相关"（徐小鸽，1996），新闻报道与国家形象的关系从徐小鸽教授关于国家形象的界定，"国家形象是一个国家在国际新闻流动中所形成的形象"，可见一斑。已有研究显示我国主流媒体（包括新华社、中国日报社等所属报刊和网站以及有全国性影响力的门户网站如新浪网、搜狐网等）自中韩 1992 年建交以来所描绘的韩国形象从经济上不断创造奇迹、外交中重视对华关系到文化具有亲近性和独特魅力，整体而言较为正面和积极（陈尚志，2010）。苗红果（2013）对 2007—2012 年《人民日报》中涉韩新闻报道进行分析，也得到了相似的结论。

6.2.2.2 影视作品

影视作品不仅能够把关于某一国家或地区的大量信息呈现在广泛众多的观众面前，而且能慢慢渗透，在移情和共感的心理作用过程中，形成、加强或改变观众心目当中特定国家或地区的形象。20 世纪 90 年代晚期，韩国影视作品风靡中国，进而席卷亚洲其他很多国家和地区，如日本、中国台湾、泰国和新加坡（Li，2005）。进入 21 世纪，韩流影响力持续增加，扩展至中东、美国和欧洲（Cha & Kim，2011）。很多受韩流影响的国家都重新构建了韩国国家形象，认为韩国是一个先进的、现代化的、国际化的国家，在"韩流"浪潮的第二个阶段，年轻人成为受其影响的主要群体。

6.2.2.3 公司和产品

原产国效应的广泛研究已经让人们很容易理解并接受国家形象对消费

者产品购买决策乃至产品形象的重要影响。不过，对于国家形象和产品这对关系的另一方向，相关研究的探索还在进行。根据 Han（1989）提出的累积效应（Summary Construct），如果消费者购买使用来自某一特定国家产品，并形成了对产品本身的良好体验和感知，那么他会将这种良好的产品印象作为生成对该国评价和判断的线索，与其原产国建立某种联结。Anholt（2000）的研究显示，一个国家的公司是影响国家形象的重要因素，比如三星、大宇、现代等公司在韩国形象提升中就扮演关键角色。

6.2.2.4 重大事件

作为一种"世界语言"，体育重大事件是地区形象形成、改变和品牌化的重要影响因素（Getz，2003；Higham & Hinch，2009）。2010 年南非世界杯引发的广泛关注使国内外公众获得了对举办国更多的信息和了解，从而建立起更加真实的地区形象，在一定程度上改变了南非的负面形象。亚运会是亚洲规模最大的综合性体育竞技赛场，2014 年仁川亚运会中国代表团有 897 名运动员参加这次亚洲最高水平的角逐，在比赛进行的短短十余天内引发中国媒体和公众的广泛关注，是增加中国公众对韩国了解的重要信息来源。同样发生在 2014 年，另外一件引发世人关注的重大事件是"岁月"号沉船事件。2014 年 4 月 16 日，韩国"岁月"号客轮沉没，有超过 300 名乘客遇难，包括 4 名中国公民。事件震惊世界，此后韩国总理引咎辞职，韩国海上警察厅被解散，中国媒体对这一事件进行了持续报道。

综合以上四个方面的分析，提出如下假设：

假设 H1-1-2 自发信息对认知国家形象有显著正向影响

假设 H1-2-2 自发信息对情感国家形象有显著正向影响

假设 H2-2 自发信息对内隐国家形象有显著正向影响

6.2.3 经验信息

研究显示，与来自正式的或有组织的信息来源相比，消费者在购买决策过程中更信赖非正式的或人际传播的信息来源（Bristor，1990）。亲戚朋友对产品或服务的看法，即口碑成为影响消费者购买决策的重要因素。熟人间的口碑传播因其可信性高、信息沟通充分而具有较高的有效性和影响力（刘建新、陈雪阳，2007），是目标公众感知国家形象的重要信息来源。根据 Beerli & Martín（2004）的研究，将亲戚朋友的经验信息来源分为主动和被动两类。目的地营销领域经验信息的积极影响已经得到证实，由此本书提出以下假设。

假设 H1-1-3 经验信息对认知国家形象有显著正向影响

假设 H1-2-3 经验信息对情感国家形象有显著正向影响

假设 H2-3 经验信息对内隐国家形象有显著正向影响

综上，在研究假设基础上分别建立外显国家形象和内隐国家形象的信息接触来源研究模型，如图 6-8 和图 6-9 所示。

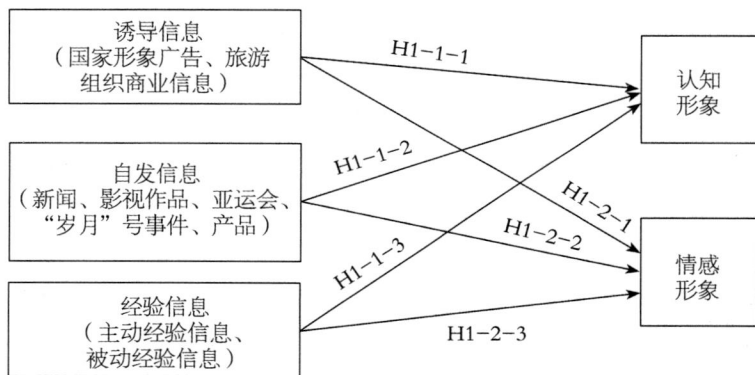

图 6-8 外显国家形象的信息接触来源研究模型

资料来源：作者整理绘制．

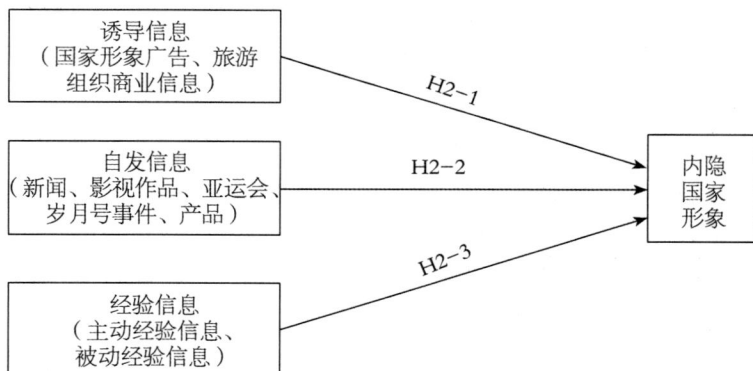

图 6-9 内隐国家形象的信息接触来源研究模型

资料来源：作者整理绘制．

6.3　信息传播媒介与国家形象

6.3.1　理解信息传播媒介

信息传播是一个信息流借助各种传播媒介传递的过程，经由传播媒介，人与人之间、人与社会之间可以实现信息传递、信息接收和信息交换。具体来看，影响国家形象形成的信息刺激既包含目标公众的信息接触来源，也指向承载信息接触来源的传播介质。

值得注意的是，如果仅着眼于字面的含义，将媒介定位于帮助信息内容传播的被动的介质，而忽视其对信息内容的建构和表征，则很难正确理解媒介在国家形象传播过程中的主导性和重要性。早在 1964 年，麦克卢汉就以"媒介即讯息"的论断提出对媒介的深邃洞察，即真正有意义的信息并不是人们所关注的内容，而恰恰是媒介本身。这一观点虽然略显武断和片面，但是却提示人们从长远的角度关注媒介本身的特质，关注其隐含的、固有的结构对人的感知、理解和感情所产生的影响（聂莺，2015）。现有研究不仅证实媒介报道倾向对目标公众国家形象感知的显著影响，而且发现个体的媒介接触行为与其态度形成显著相关（Syed，2011；Wang & Shoemaker，2011）。以美国公众对中国形象的认知为例，同样是通过新闻报道获取关于中国的信息，以电视为媒介的美国人更倾向于将中国视为美国的军事威胁，并对中国的崛起和在亚洲的领袖地位感到不悦，而接触网络媒介越多的美国公众，则越有可能认为中国经济发展会减少美国就业，而对中国充满敌意，与此同时，阅读报纸更多的美国人却对中国持有更加正面的态度，也更支持中国在亚洲的政治领袖地位（韦路等，2013）。

理解媒介对国家形象传播的影响，首先要回到媒介本身，不同的媒介有着各自的属性特质。"媒介是人的延伸"，个体借由媒介可以感知更宽广庞杂的世界，也许是一个不曾谋面的陌生人，也许是一场正在远方城市上演的酣畅淋漓的比赛，抑或是一个从未踏足的国家，不一而足。正如我们的感官以其各自的方式观看、收听、触摸这个世界，媒介也因其传播信息的介质不同而呈现独特的属性特质。比如，手机、平板电脑等小巧便携的终端设备因其空间移动优势可以帮助我们随时随地获取、分享信息，但是如果想长时间欣赏一个影视作品或者接收相关信息，显然这并不是一个最佳选择，尤其是对于一个不太擅长操作智能手机的老年人，相应地，电视媒介需要显示屏、音响设备才能呈现精美生动的画面，这从根本上决定了其移动性先天不足，但也恰恰由于其宽大的屏幕，简单的操作而成为普通大众的娱乐首选。

其次，传播媒介的属性特质决定了传播内容的选择性。面对浩如烟海的信息内容，如何以有限的信息承载更有效地满足公众的信息需求，实现最佳的传播效果，契合媒介本身的特质成为内容选择的一个重要标准（付玉杰，2011）。比如，同样是视频传播，电影、电视和手机三种媒介的内容选择就各有侧重。电影以其大屏幕、高品质音效着重呈现细腻清晰的画面、气势恢宏的场景和逼真震撼的视听效果，而这种置身其中的场景带入感受在观看电视时往往很难体会，即使是同一部作品，观众的感受也因媒介不同而有天壤之别，因此电视媒介的传播内容往往并不追求视频的表现效果，而侧重于内容的跌宕起伏、引人入胜或者贴近观众日常生活。至于手机，出于其移动优势和屏幕、存储容量、网络环境等因素的限制，则优先选择及时性、短小精悍、清晰度略低的视频内容。

最后，传播媒介的属性特质影响目标公众的选择。从营销的角度看，媒体所面对的信息消费市场巨大而庞杂，众多潜在目标公众因年龄、收入、社会阶层等个体因素差异而具有个性化、多样化的信息需求。一家企业很难以一己之力满足如此差异化的市场需求，只有经过市场细分，依据不同细分市场的媒介接触习惯，有选择地为与自身资源匹配的特定目标市场提供服务，传播媒介的属性特质就是考量匹配与否的重要标准。换句话说，传播媒介固有的属性差异在一定程度上决定了目标公众的选择。比如，同样是获取新闻信息，奔波忙碌的年轻人更倾向于选择手机媒介充分利用碎片化时间，而对于大部分时间都活动于固定场所的老年人来说，手机媒介的移动性并不具备显著意义，相反，近距离接触小屏幕、操作界面复杂却是让该群体望而却步的重要障碍。

6.3.2 新媒介时代来临

随着信息技术的发展，人类记载、保存和处理技术的方式都发生了翻天覆地的变化，建立在互联网、手机等新媒介技术上的微博、微信、SNS、博客等传播方式以其实时性、覆盖面广、低成本、交互性等特点成为信息传播的新主角。

6.3.2.1 新媒介的界定

信息技术革命带来新媒介的迅猛发展，新媒介研究已经成为多个学科共同关注的热点领域，研究热潮所产生的强大影响已经有目共睹，但是目前关于新媒介的界定还莫衷一是。

通过相关文献梳理发现，虽然新媒介的界定众说纷纭，但是关于新媒介的"相对性"或者说"变动性"目前已达成共识。吴信训（1994）明确提出："从传播史的角度来看，新媒介与旧媒介可以说是世事沧桑必然的推陈出新的相对概念"。"相对于报纸，广播是新媒体；相对于广播，电视是新媒体；相对于电视，今天的网络又是新媒体。"（熊澄宇，2003）此后的新媒介诠释和相关研究中也基本认同新媒介的相对性（吴小坤、吴信训，2011）。也许从历史长河的视角来看，新媒介的概念在不断发展和变化，但是当我们把目光定格在 21 世纪初期这一特定时段内，新媒介的内涵应该是稳定的、具体的。早期的新媒介概念聚焦于互联网，如"以数字技术为基础，以网络为载体进行信息传播的媒介"（陶丹、张浩达，2001），此后，伴随信息技术的迅猛发展，新媒介的外延日益扩大，互联网、有线电视、手机短信、多媒体信息的互动平台、多媒体技术广播网等（蒋宏、徐剑，2006；虢亚冰等，2006）都囊括其中。宽广的新媒介外延给了我们一个更全面的视野，却无助于准确把握其本质内涵，成为新媒体界定中存在的最大问题（匡文波，2008）。鉴于此，匡文波（2008）提出以"数字化"和"互动性"作为界定新媒介的基本特征，新媒介的外延则主要包括网络媒体、手机媒体、网络电视等媒体形态，如图 6-10 所示，而目前真正能称为新媒体的媒介只有互联网和手机（匡文波，2011）。相似的，高宪春（2011）认为新媒介指的是"以互联网、手机等为代表的新型的媒介，以及使用它们所形成的新的媒体形态，作用于社会实践，形成人们认识社会现实的凭借和参照"。本书依据以上两位学者对新媒介的界定，主要从网络媒介和手机媒介（包括它们所形成的新的媒体形态，比如微博、微信、门户网站等）两个角度，研究新媒体对国家形象整合营销传播的影响。

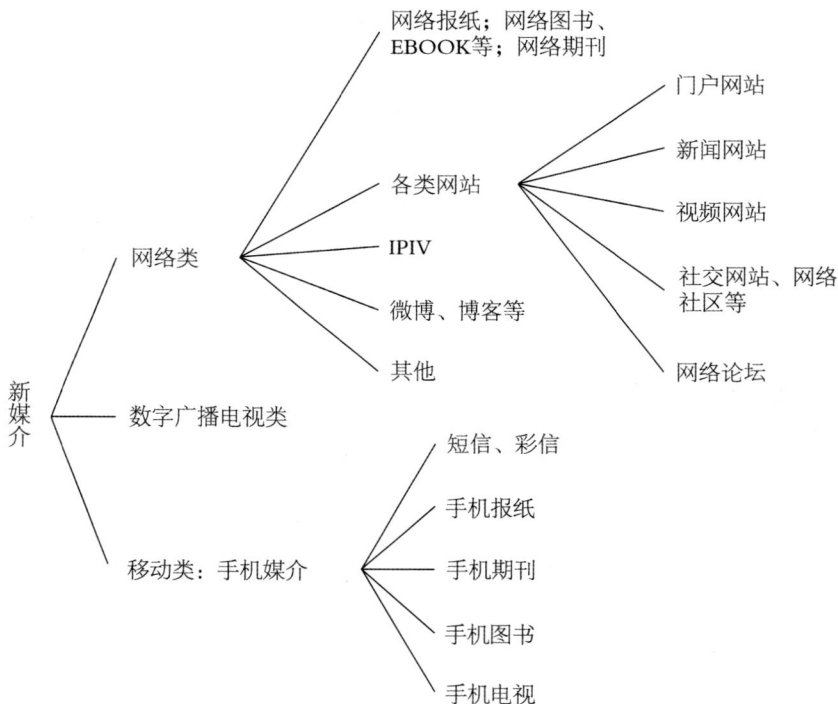

图 6-10　新媒介的外延

资料来源：匡文波．"新媒体"概念辨析［J］．国际新闻界，2008（6）：66-69.

（1）互联网

互联网（international network，internet），即广域网、局域网及单机按照一定的通信协议组成的国际计算机网络，多指将两台计算机或者两台以上的计算机终端、客户端、服务端通过计算机信息技术的手段互相联系进行信息交流与共享。作为人类通信技术的一次革命，仅仅从技术角度来理解互联网是远远不够的，而应该将互联网视为人类交流的媒介，即互联网媒介。

20世纪下半叶崛起的互联网，已经成为人们社会信息的来源，影响和改变着人们的生活方式。它以其交互性、同时性、开放性和跨地域性实现了信息更加方便、迅速、及时和跨地域的传播。"网络媒介"也就成为人们普遍接受的说法，强调了网络在人类交流和传播中的重要作用。一方面，互联网成为人们的通信工具。如电子邮件使人与人之间的交流更加便利。另一方面，互联网成为一种广义的传播媒介。如通过大量的网站，互联网实现了真正的大众传播媒介的功能。互联网以其所特有的互动性和超文本性，顺利地渗透到社会的各个角落。海量的信息、交互的沟通、跨时空的传播，使互联网在短时间内就获得了广泛的公众群体。如今，网络已经成为越来越多人日常工作和生活的必要组成部分。人们可以安然地坐在信息社会的椅子上，尽情享受网上冲浪带来的乐趣，新媒介悄悄地走进了千家万户。当今世界已经进入了网络时代，世界越来越像麦克卢汉笔下所描述的地球村。我们也由此进入了一个崭新的新媒介时代。

（2）手机及"手机媒介"

手机（mobile telephone），也称为移动电话，是可以在较广范围内使用的便携式电话终端。随着科技和经济的发展，目前手机的品种和型号让人目不暇接，从第一代模拟制式手机到第二代的GSM、TDMA等数字手机，再到现在的第四代手机（4G），手机已经成了集语音通信和多媒体通信相结合，并且包括图像、音乐、网页浏览、电话会议以及其他一些信息服务等增值服务的新一代移动通信系统，是一种可以全球通用的无线通信系统，在带宽利用和数据通信方面都有进一步发展。

最初手机是作为便利的通信手段出现的，但随着手机与互联网的结合，已经使其成为一个重要的大众传播媒介。人们不仅可以通过手机发信息、通话，还可以上网、阅读新闻、收发邮件、订购商品与服务等。手机已不仅仅是现代通信业的代表，而且已经成为网络媒介的延伸与组成要素。手机传播方式的日新月异，使其传播的覆盖范围已超过互联网，正在成为互联网后的又一新兴媒介。可见，手机已经实现了由人际沟通工具向大众媒介的跨越，如以手机短信进行新闻传播和出版活动的日益广泛就是其重要标志。尤其是随着4G技术的发展，手机报、手机广告、手机电视等的兴起更是加速了这一跨越过程。

与电脑网络相比，手机打破了地域、时间和电脑终端设备的限制，可以随时随地接收信息、图片、声音、视频等各类信息，达到同步。更好地实现了手机从人际传播向大众传播的发展。

作为传播媒介的手机，笔者称为"手机媒介"。有学者将其界定为：手机媒介是借助手机进行信息传播的工具；随着通信技术和计算机技术的发展与普及，手机就是具有通信功能的迷你型电脑；手机媒介是网络媒介的延伸。手机媒介的个性化、互动性、及时性，使得传播内容成为手机媒介成功与否的关键。新闻传播、游戏娱乐、移动虚拟社区、信息服务等功能也正在使手机的通信功能逐步淡化。于是，人们开始借助于手机广告、手机出版、手机报、手机电视等向传统媒介衍生的方式进行大众传播活动。作为网络的延伸，手机除了具有网络传播的各种优势之外，它还有高度的便携性、隐私性、贴身性。多媒体信息所具有的丰富内容和直观的视觉效果突破了文本信息的限制，越来越受到人们的青睐，尤其是利用手机上网，已经成为又一大新媒介增长点。

6.3.2.2 新媒介传播的特征

（1）互动性

传播是信息和意见的一种交互，是传者和受众之间的一种协商（姚必鲜、蔡骐，2011）。传统的大众媒介使用两分法把世界划分为传播者和受众两大阵营，不是作者就是读者，不是广播者就是观看者，不是表演者就是欣赏者。传者是信息的发布者，受者只能被动地接收，不管喜欢或讨厌，无从表达对信息的看法。但是新媒介使传者和受者之间的界限变得模糊，在 Web 2.0 时代下，新媒体传播具有强交互性的特征，受众不再是被动的信息消费者，而具有了与传者交互信息的功能，而这一特征也正是新媒体从众多传统媒体中脱颖而出的最重要原因。新媒体传播的强互动性表现在两个方面：其一，新媒体用户在整个信息传达交流过程中具有控制权；其二，信息接收用户与信息发送用户双方之间的信息交流传播是双向的、可以互动的。

数字技术的发展和应用使得受众采集信息、制作信息变得简单起来，受众可以在信息交流过程中通过文本输入的形式采集并收藏或发送信息，这样一来整个传播过程就集信息采集和信息发送于一体，实现了用户信息获取和使用时的交互性。比如，用户可以轻松地使用电脑或手机键盘等工具实现信息采集、文本输入和信息发送等操作。而随着网络（互联网和移动通信设备）的大范围普及，加之使用成本的逐渐降低，更多用户能接触到这一便捷廉价的传播方式。如此一来，信息传播者与接受者之间的关系由单向不可逆走向平等互动和双向选择。也就是说，受众只要拥有网络终端，那么他既可以是发布者也可以有选择性地接收自己感兴趣的信息，从而摆脱了其在传统媒体语境下的被动地位。新媒体的强交互性这一特征给消费者媒体使用习惯和信息接收、发送习惯带来了巨大而深刻的改变，进而深刻影响了消费者的信息获取模式和网络购物决策行为。

在新媒介背景下，传播的双向性改变了媒介单向度传播信息的格局，使受传双方的互动得以彰显，改变了媒介影响社会的方式，美国《时代》杂志曾预言，新媒体"不仅会改变世界，还会改变世界改变的方式"。

（2）用户生成内容

新媒介改变了受众的身份和角色，使其不仅能与传者实现互动，而且转变成传者的身份，即用户生成内容（user generated content，UGC）。用户生成内容与传统媒体专业制作、权威发布、中心辐射的内容制作模式不同，它是 Web 2.0 环境下新兴的信息资源组织模式，内容生成更多体现了离散、去中心化、非权威化、集体创作和协同创作的特点。UGC 充分体现了 Web 2.0 的时代精神，即每个个体都有潜力贡献出有价值的信息，且赋予了有机会接触网络的人自我表达的话语权。从这个角度，UGC 既可以理解为用户创造的静态网络信息资源，也可以理解为用户生成创作的动态行为模式，更可以从生态的层面将 UGC 诠释为一种秩序，这种秩序与用户群、社会网络、传播渠道、网络/虚拟社区密不可分。

每一个用户都有可能成为信息创造者，新媒介时代信息不再是稀缺资源，反而变得异常丰富。据统计，YouTube 每天的上传量为 6.5 万个视频，远远高于传统网络内容一个月甚至一年的上传量。在 Web 2.0 环境下，各种传播内容的类型和格式逐渐从 Web 1.0 时代下静态的文本，发展为更为多样化和动态化的网页内容。去中心化的内容让每个用户都可能成为主角，增加了用户之间的互动。网站不再由一个媒体或机构做主，而是由众多用户做主。用户越来越有发言权和影响力，是一个不争的事实。然而，这些来源于微博、微信、网络社区等"自媒体"的信息在没有经过传统信息生成过程中相对严格的控制环节的同时也呈现出更加多元化的特点。庞杂无序的海量信息也许是新媒介时代人们面临的另一个挑战。

（3）实时性

数字技术是新媒介区分于传统媒介的核心特征。在传统信息传播从采集到呈现过程中，存在不可逾越的筛选、后期制作等环节，数字技术却可以因其简单便捷的特性轻而易举地跨越这些环节，进行实时信息传递。新媒体的资讯、新闻不受制作周期、截稿时间等客观因素的制约，可以随时发布、即时传输，公众会在第一时间知道事件发生的一切。此外，新媒介用户生成内容的特点也弥补了传统媒介覆盖的有限性，即使是实力强大的通讯社也很难达到任何时间、地点的信息捕捉，但随时随地在现场的用户却像新媒介的延伸可以轻而易举地实现实时传递。2013年四川雅安地震发生后 53 秒，第一条传递地震信息的微博被发出，就是一个典型的例证。

（4）分众性

具有双向互动性的新媒介赋予受众越来越多的信息接收的主动权。与此同时，相对于传统大众传播从一点到多点的单向传播，新媒介从多点到多点的传播特征更加适应受众的个性化需求。分众本质上是一种对受众的细分化，即根据受众的特征制定区隔，分成子组群，并向小同组群有针对性、有区别地传递小同信息。新媒体使目标消费群体数据库的可获得性大大增强，企业能够精确地获取目标消费群体的访问量、访问来源、访问时间以及目标消费群体的年龄、地域、消费习惯等。从另外一个角度看，新媒介在推动受众个性化需求的同时也因其数字化特征而有可能以定制化信息产品满足不同用户群体的需求，这里的用户突破时空的界限，因相似的需求而聚合。换句话说，新媒介的分众性是将受众因其不同的需求进行区分，但分的同时新媒介的数字化特点又有可能以更广泛的方式聚集有更多相似需求的用户，是谓"聚合的分众"（黄颖，2011）。

6.3.3　国家形象整合营销传播中的媒介接触

媒介接触是目标公众接触和使用特定媒介的行为，表现为接触的方式与频率等（吴世文、石义彬，2014）。在这一过程中，媒介及其所呈现的媒介内容作用于受众心理，进而影响其对特定国家的认知和态度。伴随着数字化技术和信息传输技术的日新月异，以互联网和手机为主的新媒介发展迅猛，具体应用形式不断涌现。新媒介带给传统媒介固有竞争格局巨大冲击的同时，也改变了人们接触、获取信息的方式，为目标公众的国家形象打上新媒介烙印。新媒介技术兼容并蓄的融合性轻松跨越媒介间壁垒，整合不同媒介资源，并凸显自身优势，在新媒介平台，人们可以阅读，可以观看，可以聆听，也可以传递分享，随时随地。匡文波（2011）基于手机媒体的定量研究发现新媒介用户数和普及率远远超过报纸、广播，与电视观众日益接近，而且调查数据显示其新闻可信度并不亚于传统媒介，由此作者提出新媒介已经成为当今主流，手机媒介潜力巨大。目标公众媒介接触格局变换带来其获取国际信息的渠道转向，这一改变是否会影响公众对他国形象的认知值得关注。

与此同时，面对新媒介强大的竞争压力，固然有"报纸消亡论""电影消亡论"等悲观论调甚嚣尘上，但更多理性分析和研究显示，电视、报纸、广播等传统媒介的巨大影响力暂时仍难以撼动。沈菲等（2014）对新媒介下中国受众的聚类分析发现，六种类型的受众中，除所有媒介接触都极低的"媒体低耗型"，其余五类受众的电视接触频率都很高，其中"电视主导型"受众在三万余被访者中所占比例最高，达到 59.6%，其次才是高度接触电视和互联网的"电视–网络型"占比为 10%，电视作为主导信息媒介的地位优势明显。Nielsen 和 Schroder（2014）对路透社在英国、美国等八个国家的调查数据进行分析，结果显示作为新闻来源的社交媒体远不如想象的那么重要，作用相对有限。

本书在已有研究结论的基础上，构建国家形象的信息接触媒介模型，探索传统媒介和新媒介对目标公众的韩国国家形象感知的影响，如图 6-11 所示。

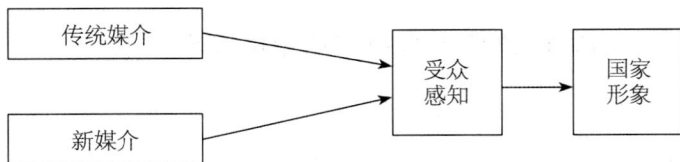

图 6-11　国家形象形成的信息接触媒介模型

资料来源：作者整理绘制.

　　本书的调查对象为大学生群体，当前对大学生媒介接触习惯的研究较为丰富。从媒介接触类型上看，互联网无疑是大学生最常接触的信息传播媒介，其次是手机，而以电视、报纸、广播和期刊为代表的传统媒介接触率较低。这一结论在多项研究中基本一致，具体到四种传统媒介内部，电视在大学生获取资讯和满足娱乐需求的主导地位得到确认，报纸、广播和期刊的接触率排名则略有不同（廖圣清，2011；姚君喜，2012；王莲华，2012；杜蔚、董芃飞，2014）。比如，姚君喜（2012）的研究发现：在一周内调查对象经常接触的媒介中，"网络"和"手机"分别占样本总数的 87.1% 和 52.9%，四种传统媒介的接触比例则不足 10%。考虑到新媒介应用形式多样，为提高测量的准确度，本书依据已有研究设计和结论，在参考我国公众互联网应用和手机应用使用情况[①]的基础上，具体选取有代表性的新媒介为门户网站、视频网站、微博和微信。匡文波（2014）对比微博和微信两种社会化媒介，认为二者存在显著区别，见表 6-2。

　　目前我国主流媒体的韩国形象建构偏向积极和正面，主流媒体包括电视、报刊、广播等传统媒介（陈尚志，2010；苗红果，2013）。廖圣清（2011）的实证研究也发现大学生接触电视媒介的频率越高，个体所持有的中国国家形象就越偏向积极，由此本书假设大学生群体的传统媒介接触对其韩国形象具有显著正向影响。

---

① 佚名. 中国互联网络发展状况统计报告［EB/OL］.［2015-02-03］. http：//www.cac.gov.cn/2015-02/03/c_1114222357.htm.

表 6-2 微博与微信的比较

	微博	微信
传播类型	大众传播 微博更像个人门户网站，具有大众传播特征	人际传播、群体传播为主 微信更多是朋友、熟人间的点对点沟通与信息传播，微信群的信息传播属于群体传播
传播对象	以不确定的"陌生受众"为主	熟知的少数受众
传播内容	公共性 微博上的传播内容多以公共性的话题为主，微博是开放的扩散传播。传播信息有公开性的特点	私密性 微信上的传播内容多以私密性的个人生活为主。微信是私密空间内的闭环交流，传播信息有私密性的特点
信息类型	140 个字以内，图片、文字、链接	不限字数，可以是多媒体传播，图片、文字、链接、语音、视频
传播效果	社会效果强，个人效果弱 微博具有大众媒体的性质，其传播内容经过大范围转发易在社会上形成舆论压力，具有强效果；但微博内容对个人用户的传播效果相对较弱	社会效果相对弱，个人效果强 微信具有私密空间性质，且传播对象都是"认识的人"，增强了参与度和互动性；微信属于熟人群体间的信息分享，信息传播信度高，个人传播效果强

资料来源：匡文波. 中国微信发展的量化研究 [J]. 国际新闻界，2014（5）：147-156.

目前，关于大学生新媒介接触方面的研究比较丰富，但是主要集中于媒介素养的研究，仅 2010 年以来关于大学生新媒介素养的研究就达到 84 篇（陈勇，2015）。该领域的研究在探寻大学生新媒介接触现状的基础上更侧重于媒介接触动机、素养教育、个体成长等方面，对大学生新媒介接触的态度影响只是偶有提及。至于新媒介接触对国家形象的影响，在廖圣清（2011）对中国大学生群体的研究中互联网接触的影响并不显著。而韦路等（2013）针对美国成年公众的研究发现新媒介向美国公众传递中国信息的有效性低于传统媒介，但是却更有助于美国公众对中国形象的正面认知。文春英（2012）则注意到我国民间层次的涉韩舆论，如互联网社区中的韩国形象，由于中韩之间的历史、文化分歧则呈现更多的负面情绪。因此，本书认为新媒介接触对国家形象具有显著影响，但是影响的方向还有待于进一步的实证分析。

综上所述，本书从传统媒介（电视、报刊、广播）和新媒介（门户网站、视频网站、微博、微信）两个方面分别建立外显国家形象和内隐国家形象的信息媒介接触研究模型，如图 6-12、图 6-13 所示，并提出以下研究假设。

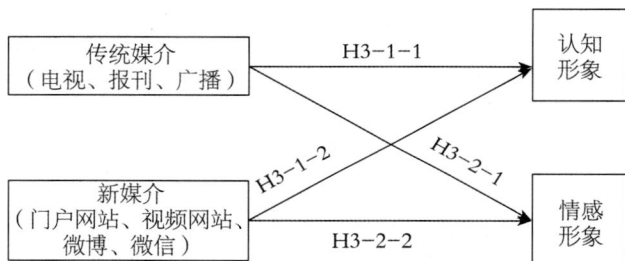

图 6-12　外显国家形象的信息接触媒介研究模型

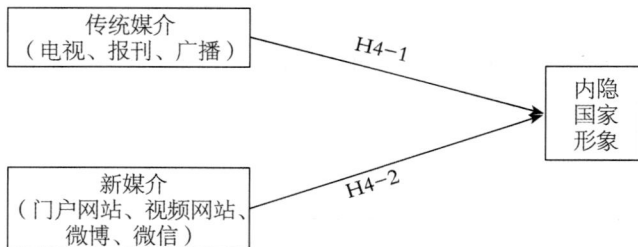

图 6-13　内隐国家形象的信息接触媒介研究模型

资料来源：作者整理绘制.

H3 媒介接触对目标公众的国家形象感知有显著影响；

H3-1 媒介接触对目标公众的认知形象有显著影响；

H3-1-1 传统媒介接触对目标公众的认知形象有显著正向影响；

H3-1-2 新媒介接触对目标公众的认知形象有显著影响；

H3-2 媒介接触对目标公众的情感形象有显著影响；

H3-2-1 传统媒介接触对目标公众的情感形象有显著正向影响；

H3-2-2 新媒介接触对目标公众的情感形象有显著影响；

H4 媒介接触对内隐国家形象有显著影响；

H4-1 传统媒介接触对目标公众的内隐国家形象有显著正向影响；

H4-2 新媒介接触对目标公众的内隐国家形象有显著影响。

7 国家形象二重性下的整合营销传播实证分析

7.1 问卷开发与数据收集整理

7.1.1 问卷设计

本书第三部分关于国家形象二重性的实验研究中，已经完成国家形象外显构成和内隐构成测量的设计，因此接下来主要报告国家形象形成过程中目标公众信息来源和信息媒介的问卷设计过程。

7.1.1.1 信息接触来源

针对理论框架中所确立的三类信息接触来源，在文献回顾的基础上，初步形成信息来源测量部分的 10 个题项，主要参考文献见表 7-1。前三个题项（XY1、XY2、XY3）"韩国国家形象广告"（国家形象宣传片、旅游形象宣传片等）、"旅行社关于韩国旅游的广告"和"旅行社工作人员的推荐"测量被访者诱导信息来源的接触情况，接下来的五个题项（XY4-XY8）分别测量被访者接触新闻报道、影视作品、重大事件和韩国产品或品牌等自发信息的情况，最后两个题项（XY9、XY10）反映目标公众的经验信息来源接触。对于这一部分的测量采取李克特 7 点量表（1="非常同意"、2="同意"、3="比较同意"、4="中立"、5="比较不同意"、6="不同意"、7="非常不同意"）。

表 7-1　　　　国家形象信息接触来源测量问卷主要参考文献

		题项变量	具体内容	主要参考文献
信息来源	诱导信息	XY1	韩国国家形象广告（国家形象宣传片、旅游形象宣传片等）	Baloglu & McCleary, 1999; Beerli & Martín, 2004; 程圩、隋丽娜, 2007; 王纯阳, 2010
		XY2	旅行社关于韩国旅游的广告	
		XY3	旅行社工作人员的推荐	
	自发信息	XY4	与韩国有关的新闻报道	Sung, 2010; Lee et al., 2014; 刘力, 2013; Baloglu & McCleary, 1999; Beerli & Martín, 2004
		XY5	影视作品	
		XY6	韩国仁川亚运会	
		XY7	2014年韩国"岁月号"沉船事件	
		XY8	韩国产品或品牌	
	经验信息	XY9	我经常听亲戚、朋友谈论韩国	Beerli & Martín, 2004; 杨杰等, 2009
		XY10	我经常主动与亲戚、朋友谈论韩国	

资料来源：作者整理绘制.

7.1.1.2　信息接触媒介

媒介接触的测量从接触方式和使用频率（吴世文、石义彬，2014）两个方面进行。依据国家形象的信息接触媒介研究模型，本书确定的传统媒介分别是电视、报刊、广播；新媒介分别是门户网站、视频网站、微博和微信，主要参考文献见表 7-2。媒介接触的频率测量参考吴世文、石义彬（2014）的研究设计，运用李克特 7 点量表测量受访者通过各种媒介了解韩国信息的频率（1="每天"；2="非常多"；3="比较多"；4="有时"；5="比较少"；6="非常少"；7="从未"）。由此，初步形成国家形象信息接触媒介测量问卷，共 7 个题项，见表 7-3。

表 7-2 　　　　国家形象信息接触媒介测量问卷主要参考文献

		题项变量	具体内容	主要参考文献
信息媒介接触	传统媒介	XM1	电视	吴世文、石义彬，2014；姚君喜，2012；廖圣清，2011
		XM2	报刊	
		XM3	广播	
	新媒介	XM4	门户网站	吴世文、石义彬，2014；姚君喜，2012；匡文波，2014；廖圣清，2011
		XM5	视频网站	
		XM6	微博	
		XM7	微信	

资料来源：作者整理绘制．

表 7-3 　　　　国家形象信息接触媒介测量问卷

题项	每天	非常多	比较多	有时	比较少	非常少	从未
XM1 我经常接触电视中的韩国形象信息							
XM2 我经常接触报刊中的韩国形象信息							
XM3 我经常接触广播中的韩国形象信息							
XM4 我经常接触门户网站中的韩国形象信息							
XM5 我经常接触视频网站中的韩国形象信息							
XM6 我经常接触微博中的韩国形象信息							
XM7 我经常接触微信中的韩国形象信息							

资料来源：作者整理绘制．

7.1.2　问卷预测试

问卷初步确定后，随机选取 20 名大学生以小组座谈的方式，了解他们对项目语句的理解，以避免出现歧义，同时邀请相关领域的专家对问卷进行审核。根据此上两方面的反馈意见，对相应语句的表达方式进行调整。接下来运用修改后的问卷进行小样本预测试，以确保问卷的可靠性和有效性。本书的信息接触来源和信息媒介接触问卷编制，均基于已有文献研究的理论探究，并通过相关专家的审核，具有一定的专家效度，而且在后续的多元回归分析中，不需要对量表的所有题项进行加总，而是以量表各层面构念及其各题项变量作为自变量，因此问卷的信度分析分别针对各层面进行（吴明隆，2010）。

7.1.2.1　信息接触来源

应用 SPSS 19.0 软件对"信息接触来源"预调查问卷的三个层面进行信度分析，结果见表 7-4。其中，"诱导信息"层面包括 3 个题项，其可靠性统计量结果显示该层面构念的 Cronbach's α 系数为 0.742，信度高；"自发信息"层面包括 5 个题项，其层面构念的 Cronbach's α 系数为 0.855，说明该层面的 5 个题项内部一致性甚佳；"经验信息"层面包括 XY9 和 XY10 两个题项，统计分析显示该层面构念两个题项的 Cronbach's α 系数为 0.697，内部一致性较高。

表 7-4　　　　　　　国家形象信息接触来源量表信度分析

研究维度	题项变量	题项数目	Cronbach's α系数
诱导信息	XY1—XY3	3	0.742
自发信息	XY4— XY8	5	0.855
经验信息	XY9—XY10	2	0.697

资料来源：根据 SPSS 19.0 输出结果整理．

值得注意的是，在表 7-5 中，"自发信息"层面的题项 XY4 修正的项目总相关系数为 0.527，在 5 个题项中最低，而且删除该题项时，新的 Cronbach's Alpha 值为 0.858，大于 0.855，说明该题项与其他题项的内部一致性较差，但是，考虑到新闻报道是国际公众获取对象国家信息的重要来源，而且包含题项 XY4 信息接触来源量表的信用指标值已经达到甚佳水平，因此可以将这两项指标值作为参考，暂时保留题项 XY4。

综上，信息来源量表 3 个层面 Cronbach's α 系数分别为 0.782、0.855 和 0.697，基本达到 Nunnally 和 Bemstein（1994）所建议的 0.7 以上的良好水平，问卷的信度水平可以接受。

表 7-5　　　　　　　国家形象信息接触来源主要参考文献

	项目删除时的尺度均值	项目删除时的尺度方差	修正的项目总相关	多元相关系数的平方
XY4	14.87	23.507	0.527	0.858
XY7	15.47	21.779	0.696	0.820
XY8	16.20	19.722	0.684	0.822
XY5	16.20	18.332	0.814	0.783
XY6	15.80	21.417	0.639	0.833

资料来源：根据 SPSS 19.0 输出结果整理.

7.1.2.2　信息接触媒介

针对"信息接触媒介"预调查问卷 2 个层面的信度分析显示，"传统媒介"层面包括 3 个题项的 Cronbach's α 系数为 0.738，信度高；"新媒介"层面包括 4 个题项，其层面构念的 Cronbach's α 系数为 0.721，说明该层面的 4 个题项内部一致性佳（见表 7-6）。两个层面 Cronbach's α 系数均达到 Nunnally 和 Bemstein（1994）所建议的 0.7 以上的良好水平，信息接触媒介问卷的信度水平可以接受。

表 7-6　　　　　　国家形象信息接触媒介量表信度分析

研究维度	题项变量	题项数目	Cronbach's α系数
传统媒介	XM1-XM3	3	0.738
新媒介	XY4- XY7	4	0.721

资料来源：根据 SPSS 19.0 输出结果整理.

7.1.3　数据收集和整理

在进行因子分析和结构方程建模过程中，样本数量的规模要达到一定要求。Anderson 和 Gerbing（1988）建议在应用结构方程模型时，样本至少要 150 个。Gorsuch（1983）认为，应保证样本容量与测量题项的比例达到 5∶1，最好达到 10∶1。根据以上关于样本容量的建议，结合本研究的实际情况，为保证研究结果的可靠性，我们在国家形象二重性实验研究的基础上，进行第二阶段的数据收集，增加样本容量。本阶段选取被试 120 名，均为烟台某高校大学二年级学生，数据收集沿用此前经过信效度分析的外显国家形象量表和单类内隐联想测验（SC-IAT）对被试基础国家形象的两个构成进行测量。实验过程与此前基础国家形象测量阶段相同，首先向每组被试发放韩国国家形象调查问卷，测量被试对韩国的外显态度，完成后进行 SC-IAT 实验。内隐实验结束后，每位被试休息 3 分钟，填写国家形象形成的信息来源和信息媒介调查问卷。

实验完成后，收集被试对韩国外显态度测量问卷、被试对韩国内隐态度实验数据、国家形象形成的信息接触来源和信息传播媒介调查问卷各 120 份。剔除所有不合格问卷后，得到 108 份，与此前研究中的 61 份合格问卷合并，共计 169 份作为本阶段的研究样本。

7.1.4 变量的描述性统计

7.1.4.1 被试对韩国的外显态度

通过对 169 份有效外显态度调查问卷进行描述性统计分析（见表 7-7），可以看出，在外显态度测量的 10 个题项中，极小值是 1，极大值是 7，极小值均值为 2.70，极大值均值为 3.50。对每位被试的 10 个题项得分进行加总，得到其问卷总分，记为"总得分"，代表该被试对韩国的外显态度。如表所示，被试对韩国的外显态度的极小值为 11，极大值为 49，均值为 30.54，略低于平均水平。根据外显问卷的评分方式，得分越高表示对韩国的态度越倾向于"消极"，得分越低表示对韩国的态度越倾向于"积极"，因此被试对韩国的外显态度是偏向积极的。

表 7-7　　**被试对韩国外显态度的描述性统计分析（n=169）**

题项	A1	A2	A3	A4	A5	A6	A7	A8	A9	A10	总分
均值	2.70	2.80	2.67	3.14	2.98	3.50	3.26	3.02	3.46	3.28	30.54

资料来源：根据 SPSS 19.0 输出结果整理.

7.1.4.2 被试对韩国的内隐态度

将 169 位被试的相容任务反应时与不相容任务反应时进行比较，并做配对 t 检验，结果见表 7-8。统计分析结果显示，不相容任务的平均反应时都显著高于相容任务的平均反应时，表明被试更倾向于将韩国与积极词联结在一起。

表 7-8　　　相容任务与不相容任务的平均反应时（M±SD）

	n	不相容任务	相容任务	t	p
总样本	169	620.74±70.70	578.31±56.78	7.286	<0.01

资料来源：根据 SPSS 19.0 输出结果整理．

依据内隐效应 D 分数的计算规则对数据进行处理，得到总样本的韩国内隐态度的 SC-IAT 内隐效应值为 D=0.32。内隐效应（D 值）为 0 表明被试对韩国的内隐态度为中性，既不积极也不消极（Karpinski & Steinman，2006）。以 0 为标准做单样本 t 检验，结果发现 D 值都达到显著水平（见表 7-9）。对照 Cohen（1988）定义的 d 效应量大小标准（d=0.2，小，即 0.2≤d<0.5；d=0.5，中，即 0.5≤d<0.8；d=0.8，大，即 0.8≤d），被试整体显示对韩国中等积极的内隐态度。

表 7-9　　　被试对韩国内隐态度 SC-IAT 内隐效应（D 值）的差异检验

	n	M±SD	t	p	Cohen's
总样本	169	0.32±0.63	6.500**	<0.01	0.67

资料来源：根据 SPSS 19.0 输出结果整理．

注：Cohen's d 表示内隐联想效应 D 值与 "0" 单样本 t 检验的效果量 d 值。

7.1.4.3　信息接触来源

描述性统计分析显示，在信息接触来源的 10 个题项中，极小值是 1，极大值是 7，极小值均值为 3.15，极大值均值为 4.69（见表 7-10）。根据问卷的评分方式，得分越高表示对这种信息来源接触越少，得分越低表示对这种信息来源接触越多，整体来看，被试对韩国形象信息来源的接触处于中等到中等偏下的水平。接触最多的是韩国影视作品，其次是韩国产品，二者均处于中等偏高的水平。2012 年以韩国影视作品为代表的韩流再度席卷我国，此前的小规模访谈也证实大学生是重要的收视群体，超过 90% 的大学生或多或少地观看过韩剧。韩国三星、现代、LG 等企业在我国家电、通信、汽车等领域都具有相当的影响力，产品线丰富，市场占有率较高，而《来自星星的你》等一批韩国影视剧的热播，又带动观众对韩国化妆品、食品等日常消费品的喜爱和追捧；另一个原因是烟台与韩国经济交往紧密，具有接触韩国产品的地缘优势。接触最少的是信息来源是 2014 年的"岁月号"沉船事件，该事件虽然在当时引发世界关注，不过显然被试对此并未过多关注。

表 7-10　　　　**信息接触来源的描述性统计分析**（n=169）

题项	诱导信息来源			自发信息来源					经验信息来源	
	XY1	XY2	XY3	XY4	XY5	XY6	XY7	XY8	XY9	XY10
均值	4.25	3.46	3.50	4.09	3.15	3.88	3.21	4.69	4.41	4.15
标准差	1.396	1.528	1.633	1.184	1.447	1.411	1.398	1.210	1.482	1.518

资料来源：根据 SPSS 19.0 输出结果整理．

7.1.4.4　信息接触媒介

描述性统计分析显示，在信息接触媒介的 7 个题项中，极小值是 1，极大值是 7，极小值均值为 3.20，极大值均值为 4.53（见表 7-11）。根据问卷的评分方式，得分越高表示对这种信息媒介接触越少，得分越低表示对这种信息媒介接触越多，整体来看，被试对韩国形象信息媒介的接触处于中等到中等偏下的水平。接触最多的是视频网站，其次是微信，二者均处于中等偏高的水平，接触最少的信息接触媒介是广播，这一媒介接触整体分布情况与此前研究基本一致，唯一需要解释的是，广播媒介的接触水平较之相关研究中该媒介的接触频率统计偏高，应该是受到被试校园广播这一特殊因素的影响。

表 7-11　　　　**信息接触媒介的描述性统计分析**（n=169）

题项	传统媒介			新媒介			
	XM1	XM2	XM3	XM4	XM5	XM6	XM7
均值	3.27	4.19	4.53	4.08	3.20	4.12	3.50
标准差	1.322	1.336	1.350	1.136	1.421	1.477	1.566

资料来源：根据 SPSS 19.0 输出结果整理．

7.2 正式问卷的信度和效度分析

7.2.1 信度分析

假设检验结论的有效性建立在样本数据的可靠性和准确性基础上，运用软件最终进入本阶段对样本数据进行信度分析，结果见表7-12。除传统媒介层面的 Cronbach's α 系数为 0.607，信度尚佳外，其他各层面内在信度系数均高于 0.7，问卷内在一致性高。

表 7-12　　　　　　　　　正式问卷信度系数汇总

研究维度	题项变量	题项数目	Cronbach's α 系数
外显国家形象	认知形象	A1-A5	5	0.826
	情感形象	A6-A10	5	0.786
信息接触来源	诱导信息	XY1-XY3	3	0.713
	自发信息	XY4-XY8	5	0.754
	经验信息	XY9-XY10	2	0.743
信息接触媒介	传统媒介	XM1-XM3	3	0.607
	新媒介	XM4-XM7	4	0.741

资料来源：根据 SPSS 19.0 输出结果整理.

7.2.2 效度分析

本书运用验证性因子分析方法（confirmatory factor analysis，CFA）对外显国家形象、信息接触来源及信息接触媒介正式量表的收敛效度和区分效度进行检验。CFA 是结构方程模型（Structural Equation Modeling，SEM）的一种特殊应用，因此，利用 SEM 的测量原理，就可以对观察变量是否能有效反映量表各因素构念进行判定（吴明隆，2009）。首先根据确定的适配度指标对测量模型的适配度进行判定，然后计算量表各构念潜变量的组合信度（CR）和平均方差提取量（AVE）的值，判别量表的收敛效度，进而根据 Fornell 和 Larcker

（1981）的建议，进一步比较所有潜变量平均方差提取量（AVE）的平方根与各潜变量的相关系数以判断量表的区分效度。

7.2.2.1 模型测量的适配度指标选择

适配度指标（goodness-of-fit indices）在 SEM 中用以测量预设模型与实际数据的一致性程度。吴明隆（2009）援引 Hair et al.（1998）的观点将模型整体适配度指标分为绝对适配度指标、增值适配度指标和简约适配度指标，模型内在结构适配度方面则采用了 Bogozzi 和 Yi（1988）的六个指标。考虑到模型测量的具体适配度指标较多，本书根据 Hair et al.（1998）的建议在每类整体适配度指标中选取两个，在模型内在结构适配度方面主要考察了组合信度（CR）和平均方差提取量（AVE），具体检验指标和标准见表 7-13。

7.2.2.2 外显国家形象的收敛效度和区分效度分析

探索性因子分析显示，外显国家形象包含两个维度（认知形象和情感形象），共 10 个题项。运用 Amos 21.0 进行验证性因子分析，结果见表 7-14。

从表 7-14 可以看出，外显国家形象测量量表各拟合指标都达到适配标准，通过检验。在表 7-15 中，各观察变量的标准化因子载荷在 0.619 至 0.859 之间，大部分都大于 0.7，认知形象和情感形象两个测量构念的组合信度（CR 值）均大于 0.7，平均方差提取量（AVE）都大于 0.5，说明本研究所使用的外显国家形象量表具有比较好的收敛效度（Hair et al.，2006）。两个潜变量认知形象和情感形象的平均方差提取量（AVE）的平方根分别为 0.732 和 0.716，均大于二者的相关系数 0.348，由此判定外显国家形象量表具有较好的区分效度。

7.2.2.3 信息接触来源的收敛效度和区分效度分析

信息接触来源问卷包括 3 个构念，共 10 个题项。运用 Amos 21.0 进行验证性因子分析，在表 7-16 中，10 个测量变量的标准化因素载荷显著性概率值均小于 0.001，达到显著水平，其中 XY1、XY8 的标准化因素载荷分别为 0.426 和 0.352，小于 0.5，但是考虑到诱导信息构念只有 3 个题项，因此保留 XY1，删除 XY8。对修正后的模型再次进行验证性因子分析，表 7-17 和表 7-18 显示信息接触来源量表的拟合指标

表 7-13 模型测量的适配度指标和标准

检验指标 分类	检验指标	适配标准
绝对适配 统计量	卡方自由度比指标 （χ^2/df）	小于 1.00，模型过度适配；1.0~2.0，适配度较佳；2.0~5.0，较宽松的设定下可以接受；大于 5.0，适配度不佳；本书的标准为 1.0~3.0
	渐进残差均方和平方根 （RMSEA）	大于 0.1，表示模型的适配度欠佳；0.05~0.08，表示模型良好；小于 0.05，表示模型适配度非常好。本书的标准为小于 0.08
增值适配 统计量	非规范适配指数 （TLI 指数）	大于 0.9
	比较适配指数 （CFI 指数）	大于 0.9
简约适配 统计量	简约调整后的规范适配指数 （Parsimony-adjusted NFI，PNFI 指数）	大于 0.5
	简约适配度指数 （Parsimony CFI，PCFI 指数）	大于 0.5
内在结构 适配度	组合信度（CR）	大于 0.6
	平均方差提取量（AVE）	大于 0.5

资料来源：吴明隆. 结构方程模型——AMOS 的操作与应用 [M]. 重庆：重庆大学出版社，2009.

表 7-14 外显国家形象适配性检验

拟合指标	X^2/df	RMSEA	TLI	CFI	PCFI	PNFI
适配标准	1-3	<0.08	>0.9	>0.9	>0.5	>0.5
外显国家形象	1.471	0.053	0.965	0.978	0.609	0.583

资料来源：根据 Amos 21.0 输出结果整理.

表 7-15　　　　　　外显国家形象量表的验证性因子分析

测量构念	题项	标准化载荷	组合信度（CR）	AVE值
认知形象	A1	0.674	0.851	0.536
	A2	0.696		
	A3	0.788		
	A4	0.619		
	A5	0.859		
情感形象	A6	0.708	0.839	0.513
	A7	0.632		
	A8	0.777		
	A9	0.769		
	A10	0.686		

资料来源：根据 Amos21.0 输出结果整理.

通过检验，收敛效度良好。而且三个潜变量诱导信息、自发信息和经验信息的平均方差提取量（AVE）平方根分别为 0.766、0.709 和 0.769，均大于每个变量与其他变量的相关系数【φ（诱导，自发）=0.637；φ（诱导，经验）=0.517；φ（经验，自发）=0.612】，量表区分效度较好。

表 7-16　　　　　　信息接触来源的标准化因素载荷

			Estimate
XY 1	<---	诱导信息	0.426
XY 2	<---	诱导信息	0.916
XY 3	<---	诱导信息	0.865
XY 9	<---	经验信息	0.787
XY 10	<---	经验信息	0.751
XY 7	<---	自发信息	0.747
XY 8	<---	自发信息	0.352
XY 4	<---	自发信息	0.639
XY 5	<---	自发信息	0.707
XY 6	<---	自发信息	0.532

资料来源：根据 Amos 21.0 输出结果整理.

表 7-17　　　　　　**信息接触来源适配性检验**

拟合指标	X^2/df	RMSEA	TLI	CFI	PCFI	PNFI
适配标准	<3	<0.08	>0.9	>0.9	>0.5	>0.5
外显国家形象	1.303	0.042	0.982	0.987	0.686	0.658

资料来源：根据 Amos21.0 输出结果整理.

表 7-18　　　　**信息接触来源量表的验证性因子分析**

测量构念	题项	标准化载荷	CR（组合信度）	AVE值
诱导信息	XY1	0.416	0.795	0.586
	XY2	0.914		
	XY3	0.866		
自发信息	XY4	0.639	0.801	0.502
	XY5	0.708		
	XY6	0.736		
	XY7	0.746		
经验信息	XY9	0.787	0.743	0.592
	XY10	0.751		

资料来源：根据 Amos 21.0 输出结果整理.

7.2.2.4　信息接触媒介的收敛效度和区分效度分析

信息接触媒介问卷包括 3 个构念，共 7 个题项。运用 Amos 21.0 进行验证性因子分析，在表 7-19 和表 7-20 中，各拟合指标都通过检验，各观察变量的标准化因子载荷在 0.613 至 0.823 之间，大部分都大于 0.7，传统媒介和新媒介两个测量构念的组合信度（CR 值）均大于 0.7，平均方差提取量（AVE）都大于 0.5，说明本研究所使用的信息接触媒介量表具有比较好的收敛效度，而且两个潜变量平均方差提取量（AVE）的平方根分别为 0.719 和 0.732，均大于二者的相关系数 0.306，量表具有较好的区分效度。

表 7-19 信息接触媒介适配性检验

拟合指标	X²/df	RMSEA	TLI	CFI	PCFI	PNFI
适配标准	<3	<0.08	>0.9	>0.9	>0.5	>0.5
信息接触媒介	1.705	0.065	0.953	0.973	0.556	0.557

资料来源：根据 Amos 21.0 输出结果整理.

表 7-20 信息接触媒介量表的验证性因子分析

测量构念	题项	标准化载荷	CR（组合信度）	AVE值
传统媒介	XM1	0.794	0.760	0.517
	XM2	0.625		
	XM3	0.727		
新媒介	XM4	0.823	0.821	0.536
	XM5	0.726		
	XM6	0.613		
	XM7	0.752		

资料来源：根据 Amos 21.0 输出结果整理.

7.3 假设检验

研究采用多元回归分析的方法对信息接触来源和信息接触媒介对外显国家形象和内隐国家形象的影响进行检验。多元回归分析通过构建一个回归方程式，旨在简洁描述、解释一组自变量与因变量之间的因果关系（吴明隆，2010）。探索性因子分析显示，外显国家形象包含两个构面，即认知形象和情感形象，接下来我们以认知形象、情感形象和内隐国家形象为因变量，分别以信息接触来源和信息接触媒介的各观察变量为自变量进行多元回归分析。

7.3.1 信息接触来源对国家形象的影响

7.3.1.1 信息接触方式对外显国家形象的影响

以 3 种类型信息接触来源的 9 个观察变量作为外因变量，以认知形象和情感形象作为内因变量，分别建立两个多元回归分析模型，来验证初始理论模型中的因果关系，统计分析结果见表 7-21。

表 7-21 　　**信息接触来源对外显国家形象的影响**

回归分析	自变量	Beta 系数	t 值	P 值	R^2
多元回归分析1（因变量为认知形象）	新闻 XY4	0.340	4.482	0.000	0.230
	亚运会 XY6	0.214	2.171	0.031	
	产品 XY7	0.230	2.546	0.012	
	被动接收信息 XY9	−0.240	−2.633	0.009	
多元回归分析2（因变量为情感形象）	国家形象广告 XY1	0.171	2.376	0.019	0.408
	影视作品 XY5	0.349	4.249	0.000	
	被动接收信息 XY9	−0.244	−3.049	0.003	

资料来源：根据 SPSS 19.0 输出结果整理．

注：表中只报告具有显著性关系的观察变量。

表 7-21 中 Beta 系数为标准化回归系数，Beta 系数绝对值越大，表示该自变量对因变量的影响越大。R^2 是反映一个线性模型拟合优度的常用指标，表示因变量可以被自变量解释的变异量百分比。多元回归分析 1 中，认知形象可以被信息接触来源解释的部分为 23%，其中，亚运会、新闻、产品和被动接收信息四个自变量通过回归系数的显著性检验，对目标公众的韩国认知形象影响最大的因素是新闻（0.340），其次是被动接收的关于韩国的信息（−0.240）、韩国产品（0.230）和亚运会（0.214）。

多元回归分析 2 中，情感形象可以被信息接触来源变量解释的部分为 40.8%，其中国家形象广告、影视作品和被动接收的信息通过回归系数的显著性检验，对情感形象影响最大的因素是影视作品（0.349）。

综上，假设 H1-1"信息接触来源对国家认知形象有显著影响"和假设 H1-2"信息接触来源对国家情感形象有显著影响"均得到部分支持，具体接触来源检验结果见表 7-22。

表 7-22　　**信息接触来源对外显国家形象影响的研究汇总**

序号	研究假设	检验结果
H1	信息来源对外显国家形象有显著影响	部分支持
H1-1	信息来源对国家认知形象有显著影响	部分支持
H1-1-1	诱导信息对认知国家形象有显著影响	未支持
H1-1-2	自发信息对认知国家形象有显著影响	部分支持
H1-1-3	经验信息对认知国家形象有显著影响	未支持
H1-2	信息来源对国家情感形象有显著影响	部分支持
H1-2-1	诱导信息对情感国家形象有显著影响	部分支持
H1-2-2	自发信息对情感国家形象有显著影响	部分支持
H1-2-3	经验信息对情感国家形象有显著影响	未支持

资料来源：作者绘制.

值得关注的一点是，无论是被动的经验信息对目标公众的韩国认知形象和情感形象均产生显著影响，还是在本研究中这两方面的影响都是负面的，都说明被试越是经常从与亲戚、朋友的讨论中得到韩国的信息，越是建构形成了负面的韩国形象。此前的描述性分析显示，被试对韩国的整体外显态度偏向积极。以上两方面存在一定矛盾的结论，提示我们影响被试产生负面韩国认知和情感的群体存在，有待进一步的探索和研究。

7.3.1.2　信息接触来源对内隐国家形象的影响

内隐国家形象的测量运用 SC-IAT 实验完成，以实验中不相容反应时与相容反应时之差作为衡量被试对韩国内隐态度的指标，D 值越高，即不相容任务用时与相容任务用时之差越大，代表被试的态度越积极。由此，为验证目标公众信息接触来源对其内隐国家形象的影响，将信息接触来源的 10 个观察指标作为自变量，将 D 值作为因变量，建立多元回归分析模型。

在表 7-23 中，内隐国家形象可以被信息接触来源解释的部分为 33%，其中影视作品、产品接触两个自变量通过回归系数的显著性检验，是影响目标公众韩国内隐形象的重要因素，Beta 系数分别为 -0.305

和−0.247，假设 H2"信息来源对内隐国家形象有显著影响"得到部分支持，具体假设检验结果见表 7−24。

表 7−23　　信息接触来源对内隐国家形象的影响

回归分析	自变量	Beta 系数	t 值	P 值	R²
因变量为内隐国家形象	影视 XY5	−0.305	−3.579	0.000	0.330
	产品 XY7	−0.247	−2.748	0.007	

资料来源：根据 SPSS 19.0 输出结果整理．

表 7−24　　信息接触来源对内隐国家形象影响的研究汇总

序号	研究假设	检验结果
H2	信息来源对内隐国家形象有显著影响	部分支持
H2−1	诱导信息对内隐国家形象有显著影响	未支持
H2−2	自发信息对内隐国家形象有显著影响	部分支持
H2−3	经验信息对内隐国家形象有显著影响	未支持

资料来源：作者绘制．

需要说明的是，由于信息接触来源问卷为逆向取分方式，即接触某一信息来源越多则分数越低（与信息接触媒介问卷同理），因此 Beta 系数为负，说明影视作品和产品接触两个信息接触来源与被试的内隐国家形象正相关，即目标公众接触韩国影视作品和韩国产品越多，其对韩国的内隐态度越为积极。

7.3.2　信息接触媒介对国家形象的影响

7.3.2.1　信息接触媒介对外显国家形象的影响

以传统媒介和新媒介信息接触的 7 个观察变量作为外因变量，以认知形象和情感形象作为内因变量，分别建立两个多元回归分析模型，来验证初始理论模型中的因果关系，统计分析结果见表 7−25。

多元回归分析 1 中，报刊、门户网站、微博和微信四个信息接触媒介自变量通过回归系数的显著性检验，共解释认知形象变异的 22.1%。其中，报刊和门户网站接触与认知形象正相关，微博和微信的使用与认

表 7-25　　　　　　　信息接触媒介对外显国家形象的影响

回归分析	自变量	Beta 系数	t 值	P 值	R²
多元回归分析 1（因变量为认知形象）	XM2 报刊	0.203	2.331	0.021	0.221
	XM4 门户网站	0.332	4.386	0.000	
	XM6 微博	−0.184	−2.039	0.043	
	XM7 微信	−0.243	−2.680	0.008	
多元回归分析 2（因变量为情感形象）	XM4 门户网站	0.167	2.145	0.033	0.403
	XM5 视频网站	0.347	4.285	0.000	
	XM7 微信	−0.185	−2.272	0.024	

资料来源：根据 SPSS 19.0 输出结果整理．

注：表中只报告具有显著性关系的变量。

知形象负相关。也就是说，受访大学生越是经常阅读报刊、浏览门户网站越容易形成积极正面的韩国形象认知，而微博和微信的频繁使用则往往带来负面影响。

多元回归分析 2 中，信息接触媒介和认知形象解释了情感形象变异的 40.3%，门户网站、视频网站和微信三个信息接触新媒介会显著影响受访者情感形象。其中，微信接触与其韩国情感形象呈负相关关系，传统媒介则无一通过回归系数的显著性检验。

由此，假设 H3-1 "媒介接触显著影响目标公众的认知形象"得到部分支持；假设 H3-2 "媒介接触与目标公众的情感形象显著相关"部分通过检验，具体媒介接触假设验证结果见表 7-26。

7.3.2.2　信息接触媒介对内隐国家形象的影响

为验证目标公众信息接触媒介对其内隐国家形象的影响，将信息接触来源的 7 个观察指标作为自变量，将 D 值作为因变量，建立多元回归分析模型。结果显示见表 7-27，内隐国家形象可以被信息接触媒介 7 个观察变量解释的部分为 35%。其中，视频网站、电视接触两个自变量通过回归系数的显著性检验，是影响目标公众韩国内隐形象的重要因素，Beta 系数分别为−0.303 和−0.235，部分支持假设 H4 "媒介接触对内隐国家形象有显著影响"，具体假设验证结果详见表 7-28。

表 7-26   **信息接触媒介对外显国家形象影响的研究汇总**

序号	研究假设	检验结果
H3	信息接触媒介对外显国家形象有显著影响	部分支持
H3-1	信息接触媒介对国家认知形象有显著影响	部分支持
H3-1-1	传统媒介接触对认知国家形象有显著影响	部分支持
H3-1-2	新媒介接触对认知国家形象有显著影响	部分支持
H3-2	信息接触媒介对国家情感形象有显著影响	部分支持
H3-2-1	传统媒介接触对情感国家形象有显著影响	未支持
H3-2-2	新媒介接触对情感国家形象有显著影响	部分支持

资料来源：作者绘制.

表 7-27   **信息接触媒介对内隐国家形象的影响**

回归分析	自变量	Beta系数	t值	P值	R^2
因变量为内隐国家形象	XM1电视	−0.235	−2.715	0.007	0.350
	XM5视频网站	−0.303	−3.638	0.000	

资料来源：根据 SPSS 19.0 输出结果整理.

表 7-28   **信息接触媒介对内隐国家形象影响的研究汇总**

序号	研究假设	检验结果
H4	信息接触媒介对内隐国家形象有显著影响	部分支持
H4-1	传统媒介接触对内隐国家形象有显著影响	部分支持
H4-2	新媒介接触对内隐国家形象有显著影响	部分支持

资料来源：作者绘制.

7.4   小结

国家形象的二重性论证引发了我们新的疑问，那就是"面向目标公众的整合营销传播过程是否对他国外显态度和内隐态度的影响存在差异"，这也成为论文第五部分的核心论题。信息技术飞速发展的营销传播背景下，目标公众可以借由不断涌现的新兴信息接触媒介和多样化的信息来源了解、认知远方的国度，并依赖间接经验形成自己对他国形象的感知。本书通过对整合营销传播过程中信息接触来源和媒介对目标公众外显国家形象和内隐国家形象影响的实证检验，获得了一系列有价值的研究发现。

7.4.1 目标公众信息接触来源影响国家形象感知

针对三类信息接触来源的实证分析发现，本研究中诱导信息和自发信息对国家形象感知有显著正向影响，而经验信息来源与认知形象和情感形象均呈现显著的负相关。

诱导信息中，旅游行业经营组织发布的商业信息（包括旅行社的商业广告和旅行社工作人员）对国家形象没有显著影响，这与营销传播中，影响消费者决策的信息因素排序是一致的。尽管国家形象广告具有明确的目的性和诱导性，可是与旅游经营组织发布的商业信息还是存在一定区别，广告主是不具有商业属性的政府组织机构，其传播的对象也不是具体的产品或服务，而是以具体个人、事物或者场景艺术化组织与呈现的相对抽象的国家。研究发现国家形象广告与情感形象正相关，对认知形象的影响不显著，这种情况在营销领域并不少见，郭国庆（2007）参照精细处理可能性模型（elaboration likelihood model，ELM），提出不具备信息处理动机和能力的消费者将按照外围路线处理信息，而且这种外围路线信息处理过程侧重于态度的情感成分。

自发性信息来源与国家形象紧密相关，认知形象方面，新闻报道、亚运会和韩国产品三个信息接触来源正向影响显著。已有研究显示我国主流媒体（包括新华社、中国日报社等所属报刊和网站以及有全国性影响的门户网站如新浪网、搜狐网等）自中韩1992年建交以来所描绘的韩国形象从经济上不断创造奇迹、外交中重视对华关系到文化上具有亲近性和独特魅力，整体而言较为正面和积极（陈尚志，2010）。虽然近几年也有在华韩国中小企业诚信缺失和韩国民族主义的负面新闻见诸报端，但主流媒体罕见激烈的批评和指责，呈现出较单一的"合作者"的框架（张晨阳等，2012）。因此，对绝大多数对韩国缺少直接经验的大学生来说，偏向正面友好的新闻报道对其韩国形象认知的积极影响显而易见。产品在一定程度上反映原产国的设计、制造水平，是目标公众了解他国的重要窗口，韩国知名企业三星、现代、LG 等在中国发展良好，在各自领域都有不俗的品牌影响力和市场占有率。韩国知名品牌产品接触和使用不仅会影响目标公众对韩国的认知形象，而且还潜移默化地影响其对韩国的内隐态度。

自发性信息中影视作品的积极影响首先表现在被试的情感形象上。大学生是韩国流行文化影响的主要受众之一，有调查显示，大学生观看韩剧的比例超过 90%（张璐、徐芸，2007），现有研究已经证实韩国流行文化对目标公众的韩国情感形象有显著的正面影响（Lee et al.，2014；刘力，2013），本书的实证检验也支持这一观点，而且这种在韩国流行文化接触过程中产生的移情和共感作用在受访者对韩国的内隐态度上也被发现具有显著影响。

经验信息来源对消费者决策的影响在营销领域广为提及和印证，本研究中对国家形象的影响也颇为显著。值得注意的是，虽然主动经验信息对国家形象没有显著影响，但被动经验信息对国家形象的认知和情感成分均呈现出显著的负相关，考虑到现实生活中直接获取经验信息的有限性，结合被访者社交媒介中间接经验信息的获取更有助于对研究结果的理解。

7.4.2　目标公众信息接触媒介影响国家形象感知

以数字化、互动性为基本特征的新媒介发展迅猛，营销传播环境不断变革，人们开始越来越多地依仗新媒介获取他国的信息，针对外显国家形象的两个构面即认知形象、情感形象以及内隐国家形象的研究证实，新媒介已经成为目标公众感知他国形象的重要渠道。

在认知形象的形成过程中，传统媒介和新媒介都扮演着重要的角色，但是新媒介接触对目标公众认知形象的影响更为复杂。如前所述，我国主流媒体的韩国形象建构较为积极，而作为大学生获取新闻资讯重要媒介的门户网站，目前看来其大多数原创新闻和信息仍然来源于传统主流媒体（韦路，2013），基本遵循与传统媒介一脉相承的韩国形象建构框架。在如此偏向积极和友好的媒介背景下，受到主流媒介所建构的"韩国媒介形象"影响，韩国形象感知与报刊和门户网站接触呈现显著的正相关顺理成章。

反观另外两种受访者应用较为普遍的社交媒介，微博和微信对韩国形象的负面影响不容忽视。造成这一结果的原因可能源于新媒介的一个重要特征，即用户生成内容。与传统媒介的单向传播不同，新媒介的每一个用户都具有双重身份，既是信息的接受者又是信息的生产者，这一特点将从两个方面影响目标公众对他国形象的感知。一方面，众多社交媒介用户在没有明确把关人和议程设置的背景下所生产的韩国信息代表不同的观点，也不乏极端负面的信息。文春英、刘小晔（2012）发现与主流媒介的积极建构不同，我国民间网络舆论中的韩国形象更为负面，这固然是网络舆论"关注负面"的规律使然，但是也提示我们关注在中韩历史问题和文化争端影响下网络舆论中的不同声音。2014 年，韩国驻华大使馆针对"网络反韩"问题，发起了以"增进韩中友好合作"为主题的大学（研究）生有奖征文活动（赵鸿燕、王丹，2014），这一活动既反映了韩国政府积极引导新媒介舆论的主动意识，也从另一个侧面印证了韩国形象新媒介传播过程中的负面导向。

另一方面，大量来自用户生产的纷繁复杂甚至完全相左的信息使得目标公众媒介接触过程中产生信息超载（Information Overload）。目标公众面对的海量信息超过了其自身处理能力而引发厌倦和心理焦虑，由此导致信息利用率降低，甚至不能有效利用（周永红，2005）。

综上，目标公众使用微博和微信一方面更有可能接触到韩国的负面信息，另一方面也更有可能面对过量无序信息而降低信息的有效使用，从而产生对韩国形象认知的负面影响。此外，同样与韩国形象感知负相关，微博接触仅影响认知形象，而微信接触则不仅影响认知形象而且也显著影响情感形象。这一情况结合两种自媒体的属性特征分析并不难理解。微博更像个人门户网站，以面向"不确定性受众"为主，具有大众传播特征，微信则近似一个由亲戚、朋友组成的私人网络，具有群体传播特征，意见领袖的观点更有可能影响群体成员（匡文波，2014）。

在情感形象的形成过程中，新媒介接触的作用一枝独秀，其中视频网站接触频率的影响最为显著。2013 年伴随着《来自星星的你》等一系列韩剧的播出，以韩国电视剧、电影、音乐和韩流明星为代表的韩国流行文化卷土重来。大学生的媒介接触行为更倾向于通过视频网站接触韩国流行文化。因此，受访者接触视频网站越频繁，越有可能建立对韩国的积极情感形象。相似地，视频网站接触也被发现显著影响受访者对韩国的内隐态度。

另外一个显著影响内隐态度的信息接触媒介是电视。虽然大学生的电视接触远不及新媒介频繁，但仍然是其获取信息的重要渠道（陈旭鑫、叶新平，2012），前期的小组访谈也确认受访者经常接触电视媒介，只是卷入度较低，或者说在电视观看过程中较少投入精力和心理能量，但是这种较为被动、无意识的接触还是会在受众的心理留下痕迹，潜移默化地影响着目标公众的内隐态度。已有的大量纯粹接触效应实验已经证实某一外在刺激仅仅因为频繁呈现，个体就会对该刺激形成积极态度，是一种较典型的通过内隐学习形成态度的过程（魏知超、郭秀艳，2009）。

7.4.3　国家形象二重性下的营销传播影响存在差异

基于双重态度模型理论的国家形象实证研究证实国家形象具有外显和内隐两个相互独立的构成。从整合营销传播的角度来看，影响被试外显国家形象和内隐国家形象的信息接触来源和信息接触媒介也存在很大差异。信息接触来源方面，显著影响外显国家形象的因素分别是新闻报道、亚运会、产品、被动经验信息、国家形象广告、影视作品，而显著影响内隐国家形象的因素只有影视作品和产品。信息接触媒介方面，显著影响外显国家形象的因素分别是报刊、门户网站、微博、微信、视频网站，而显著影响内隐国家形象的因素为电视和视频网站。

双重态度模型理论认为，个体对特定态度客体具有不同的双重态度，即同时存在于个体脑海中的两个独立的心理结构——外显态度和内隐态度。内隐态度源于存储在个体记忆中的过往评价的积淀，换句话说，态度的改变并不意味着旧有态度的消失，它只是在新的态度形成的过程中被暂时覆盖，仍然存在于个体的脑海中，以自动化、无意识的方式潜在地影响着个体的判断和行为。根据 Wilson et al.（2000）所提出的理论假设，个体只有在耗费认知努力、有意识提取的情况下才会报告新近形成的外显态度，否则内隐态度就会在无意识控制情况下自动激活，成为一种默认的态度反映（王佳宁，2012）。

从以上外显态度和内隐态度的理解出发，我们可以对以上差异进行如下解读：

首先，各种信息接触来源或信息接触媒介对外显国家形象（即目标公众对特定国家有足够时间或意识所报告的最近的态度）的影响更加显著和明晰，而对于不断沉积形成的、目标公众在时间压力或无意识状态下呈现的内隐国家形象，本书所考察的整合营销传播两个维度的影响虽然存在，但是能够检验分离出的显著影响因素相对较少，或者说更多的信息接触来源或信息接触媒介对内隐态度的影响，在其累积、覆盖的过程中已经很难直接测量和把握。

其次，尽管整合营销传播对内隐国家形象的影响较为有限，我们依然发现了能够对这一无意识内隐态度施加显著影响的营销传播因素。其中观看影视作品从信息接触来源和信息接触媒介两个维度都被证明是影响目标公众内隐国家形象的重要因素，由于女性被试观看韩国影视作品的频率远高于男性被试，因此这一结论可以作为理解此前女性被试对韩国的内隐态度优于男性被试的重要依据。电视媒介接触和产品接触对内隐国家形象的影响则进一步印证内隐态度的形成与改变遵循慢速学习记忆系统的规律（袁登华等，2014）。

最后，目标公众信息接触来源和信息接触媒介对外显国家形象和内隐国家形象的差异化影响既为国家形象整合营销传播指出了一个更为整合和具有针对性的方向，同时也有助于我们加深对国家形象二重性结构的理解。一方面，我们在这里得出的结论在一定程度上解释了此前国家形象二重性的引导实验结果，即外显态度在阅读材料的引导下显著改变，而内隐国家形象则相对稳定；另一方面，影视作品等显著影响内隐国家形象的营销传播因素则进一步证实内隐态度具有稳定性的同时也表现出一定的敏感性。

8　研究结论与启示

8.1　研究结论

　　本书选取与我国一衣带水的韩国作为研究对象，采用定性与定量相结合的研究方法，运用单类内隐联想测验（SC-IAT）、问卷调查、回归分析对研究假设进行检验，得到一系列有价值的结论。

　　结论1：国家形象具有二重性

　　双重态度理论模型为基于态度理论的国家形象构成研究提供了一个全新的视角，与一般意义上国家形象具有认知成分和情感成分的普遍认知不同，双重态度理论模型引导研究者去探索国家形象的内隐成分。本研究运用 SC-IAT 实验测试被试对韩国的态度，证实被试对韩国具有中等积极的内隐态度。进一步的相关性检验证实被试对韩国的外显态度和内隐态度虽然均表现为偏向积极，但二者不具有相关性（r=0.088，p>0.05）。实验中，外显测量结果与内隐测量结果相关不显著，说明两个测验测量的内容是不同的，自陈量表测量的是被试经过意识加工呈现的对韩国的外显态度，SC-IAT 实验测量的是被试对韩国内隐的、无意识的态度，内隐态度与外显态度的分离符合态度的双重结构模型，国家形象包含外显和内隐两个独立的构成成分。

结论 2：内隐国家形象具有较强的稳定性

本研究关于国家形象二重性实验第一阶段，在未施加干预的条件下，被试对韩国的外显态度和内隐态度都是显著偏向积极的。实验第二阶段，无论是在积极还是消极干预条件下，被试对韩国的外显态度都发生了与引导材料方向一致的显著改变，但内隐态度的变化均未达到显著水平，实验证实内隐国家形象具有较强的稳定性。而且，实验干预下被试对韩国外显态度和内隐态度的不同变化走向，进一步证实国家形象具有二重性，外显国家形象和内隐国家形象的形成和改变也呈现分离。

结论 3：目标公众信息接触影响国家形象感知

信息接触来源的实证分析发现，诱导信息和自发信息对外显国家形象感知有显著正向影响，而经验信息来源与认知形象和情感形象均呈现显著的负相关，三类信息接触来源中只有自发信息对内隐国家形象的影响通过检验。总体来看，在影响目标公众国家形象感知的三类信息接触来源中，自发信息扮演着非常重要的角色。在信息接触媒介维度方面，传统媒介和新媒介对认知形象的影响都非常显著，但在情感形象的形成过程中，新媒介接触的作用一枝独秀，其中视频网站接触频率的影响最为显著，而且这一媒介接触形式也是影响目标公众内隐国家形象的重要因素。

结论 4：国家形象二重性下的营销传播影响存在差异

基于双重态度模型理论的国家形象实证研究证实国家形象具有外显和内隐两个相互独立的构成。从整合营销传播的角度来看，影响被试外显国家形象和内隐国家形象的信息接触来源和信息接触媒介也存在很大差异。目标公众信息接触来源和信息接触媒介对外显国家形象和内隐国家形象的差异化影响既为国家形象整合营销传播指出了一个更为整合和具有针对性的方向，同时也有助于我们加深对国家形象二重性结构的理解。

8.2　对中国国家形象整合营销传播的几点启示

2010 年，随着经济稳步发展，中国成为世界第二大经济体，国际社会地位举足轻重。然而，与显著提升的综合实力相比，中国国家形象却一直徘徊不前①，这一局面固然缘于一系列微妙且复杂的国际关系以及诸多内在和外在因素的影响，但毋庸置疑的是，无论是境外媒体的解读还是针对外国公众的调查，其中所呈现的中国形象都与其国际地位相距甚远（邵峰，2014）。根据整合营销传播理论，国家形象沟通应该采用与目标公众有关并可能为其接受的一切沟通形式。因此，如何有效整合国家形象沟通的多种方式，实现国家形象传播效果的最大化成为当前中国国家形象传播亟待解决的重要问题。

本书运用实证方法得出国家形象具有二重性的结论，并分别针对外显形象和内隐形象两个侧面形成的相关因素进行分析，具体包括形象形成的信息来源和信息传播媒介两个维度。根据上述研究的结论，可以得出几点启示。

8.2.1 充分整合国家形象营销传播的多元主体

在全球化的背景下，国家的竞争优势不仅源于以经济、军事为主导的硬实力，还与以国家形象和国家影响力为核心的软实力（孙璐清，2009）紧密相关。目前，中国政府已经充分认识到以国家形象为代表的国家软实力在这场持续竞争中的重要性，并实施了一系列各具特色的国家形象提升策略。然而，在多元化、多样化趋势成为主流的全球化时代背景下（刘康，2009），构建国家形象这一系统工程中，仅仅凭借政府的一己之力很显然是不够的。一方面，目标公众的国家形象信息接触来源具有多样性。一国政府对外传播的国家形象广告片、旅游商业组织面向国外旅游者进行的信息沟通、打着原产国烙印的产品、新闻、影视作品，等等，形式各异但又都或多或少地影响着目标公众的国家形象感

① （1）2011年10月12日，由安赫尔特·捷孚凯·罗伯国家形象指数调查机构推出的一份全球形象指数报告显示，中国国家形象从2008年的第26名提高到第22名。今年的民意调查遍及包括11个发展中国家在内的20个国家，涵盖针对50个国家的形象测评。（中国日报网，2011-10-14）
（2）英国广播公司（BBC）2013年5月22日公布其委托西方民调机构以及大学所做的一项各国国家形象的调查结果。在接受调查的25个国家中，德国的国家形象最好，中国排名第9。对中国持正面看法的受访者比例为42%，与2012年相比，下滑8%；持负面看法的比例为39%，上升8%。BBC认为，这是2005年展开这项民调以来，对中国持负面看法比例最高的一年。（环球时报，2013-5-24）
（3）在一项针对59个国家和地区海外形象的分析中，中国的国家形象自2002年呈现总体下降趋势，2008年下降到第34名。此后的2008—2012年，中国的国家形象一直在30名上下徘徊。（赵彦华，2013）

知，而这些信息接触来源背后则是同样多样化的信息传播主体。另一方面，国家形象与每一个国民和组织都息息相关。良好的国家形象是一笔巨大的无形资产，是企业产品的有力背景，也是普通国民赢得尊重的国际名片和民族自豪感的重要来源。因此，国家形象的表达主体是多元的，对国家形象整合营销传播而言，"多元"可以解释为有效的"主体下移"（冯惠玲、胡百精，2008）。通过政府、社会组织和个体的整合，形成多元主体的国家形象传播和表达。

（1）政府

政府是代表国家行使管理职能的权力机构（程曼丽，2007），国家形象塑造的一切产品本质上都是公共产品（刘康，2009），由政府在国家形象整合营销传播方面发挥主导性作用，毋庸置疑。政府在国家形象整合营销传播中的主导性表现为以下两个层面：

其一，政府代表国家行使职能，如举办政治、经济、外交、文化等活动往往吸引媒体的聚焦，而成为目标公众的重要信息来源。比如，冷战后，美国在国际事务中确立以建立美国一家主宰的单极世界为战略目标（杨冬云，2008），2003年，一意孤行发动"伊拉克战争"，即为其中的典型代表。与之相应的是其国际形象的不断下滑，2007年1月公布的一项来自英国广播公司（BBC）全球范围的民意调查显示，超过一半的被访者认为美国在国际事务上的影响是负面的[①]。反观中国在印度洋海啸发生后迅速反应，提供紧急救助和巨额物资援助，彰显负责任的大国形象。

其二，政府在国家形象整合营销传播中具有多重身份。政府首先是国家形象战略的制定者。国家形象战略需要解决传播何种形象、采取何种方式、向谁传播等一系列问题，这些问题的答案只能由政府最终确定给出。所有国家形象整合营销传播的起点都是传播何种形象的决策，即国家形象的定位。国家形象定位是国家发展模式、方向、战略的集中体现（陈正良，2008），以中国为例，对国家形象定位的具体指向，是以"发展""崛起"凸显国家形象的经济范畴，还是以文化形象作为中国经

---

① 陈笛，亮亮. 美国和布什形象都变差［N］. 解放日报，2007-01-24（4）.

济发展过程中同步进行的战略平衡（孙英春，2010）；是实现中国文化形象的世界化（刘刻，2009），还是打破"你""我"之间的"主体—客体"结构，转而寻求"主体—主体"之间的多元双赢关系（冯惠玲、胡百精，2008），都需要中国政府高屋建瓴的睿智判断。确定了所欲传播的形象定位，还需对目标公众的众多信息接触来源以及信息媒介接触如何编配使用、协同发力形成有效营销传播组合做出决策。无论是日本的动漫传播、韩国的流行文化传播、加拿大的公共外交，还是中国选取"中国年"和孔子学院作为中国文化对外传播的两大品牌都反映出政府整合营销传播中的有所侧重。最后，政府还要确定整合营销传播的核心受众。从营销的角度看，目标公众就是国家品牌的"消费者"，如果说一个企业囿于自身的实力而需要对市场进行细分并选择最有利的目标市场，那么一国政府面对如此广泛而千差万别的目标公众在特定传播环境下有所选择和侧重也实属必然。

政府的第二个身份是整合营销传播的具体实施者。政府有责任就国内外事务与目标公众进行信息沟通，比如我国政府每年都会发布的各种官方统计报告，就是公众了解相关信息的权威信息来源。而对于一些关系地区形象的重大事件的举办也需要各级政府的主导才能进行。四年一次的奥运会是各主办国增进公众了解、展示自身风采的重要舞台，从主办权的申请、积极筹办到精心准备、圆满完成都离不开政府的亲力亲为。

最后，政府的主导性还体现在政府应该充分组织调动社会各界的力量助力国家形象传播，是管理者，即多元主体的组织者和领导者。多元主体整合的一个重要特征就是"主体下移"，即充分发挥社会组织和国民个体参与国家形象建构的主动性和积极性。政府应该提升社会组织和个体作为国家形象传播主体的主人翁意识，有计划、有组织地整合不同主体的传播活动，实现面向目标受众的同一个方向的合力。如果说自豪感与认同感属于潜意识的自在行为，那么鼓励、激发利益相关群体在国家形象传播中的作为则属于自为行为，即激发相关群体的主体意识和在维护、优化国家形象方面的责任感，以及他们与国家的密切关联度和关怀度，并努力使自己的主观作为通过人际传播、组织传播、群体传播甚至大众传播等传播途径扩大国家的知晓度与美誉度。

（2）企业组织

原产国效应的研究已经清晰地揭示了国家形象对产品的影响，但是换一个角度，目标公众又何尝不是通过与产品的接触来形成他对产品原产国的形象感知。此前韩国国家形象研究中，被调查者对韩国技术和现代化程度的评价普遍较高，与耳熟能详的三星、现代、LG 等韩国品牌及其在我国随处可见的产品不无联系。那些极富价值的品牌与国家紧密相连，如可口可乐之于美国、大众之于德国、索尼之于日本。而且实证分析显示这种联系不但体现在其对目标公众认知形象的改变，更体现在产品品牌接触使用过程中潜移默化的影响，即对对象国家内隐态度的改变；反之，企业的不当行为也会拉低公众对国家形象的判断。在这一方面，中国企业和政府还有很长的一段路要走。虽然中国也有诸如"海尔"这样的国际知名品牌，但是整体而言中国品牌的海外认知和认可程度还都亟待提高。2002—2008 年，美国四大主流报纸关于中国制造产品形象的报道中，使用频率最高的居然是"污染的""危险的"等如此极度负面的词汇（王秀丽、韩纲，2010），这样的产品媒介形象固然有中美两国政治、经济、贸易争端等深层次的背景，但是其对中国产品和企业乃至国家形象的消极影响不容忽视。

因此，无论是为谋求自身长远发展还是出于作为国家成员的使命感，企业都应该把提升产品质量、打造优质品牌作为经营发展的重中之重。政府的主导型则体现在营造积极的转型发展环境和对企业的鼓励引导上。

（3）国民

国民是国家最生动、富于变化的组成部分。国民日常的行为规范、行事风格、生活方式等直接具体地构成国家形象的一部分。全球化背景下，国家之间的交流愈发频繁，目标公众在国际商务交往和跨国旅游中与对象国家国民的接触将构成其国家形象感知最直接的经验。国民构成国家形象传播的"人媒介"，即那些穿越不同疆界的人群，演绎呈现出本国形象的真实图景（马诗远，2010）。

以国际旅游为例，入境游客来到对象国家的所见所闻所感必将影响其国家形象感知。与此同时，走出国门的国民作为他国的入境游客也在以自身的行为建构着当地公众对我们国家形象的认知。近年来，我国出境游客数屡创新高，虽然游客素质整体水平不断改善，但是还是有些不文明的游览行为见诸报端，对当地公众来说，这也成为他们认知中国形象的直接线索。正如诗人余光中所说："当你不在中国，你便变成了全部的中国"，每个走出国门的中国人都是一位代表国家的形象大使，用自己不同的演绎带来或积极或消极的影响。

不仅如此，国民的行为表现还有可能被媒介呈现而形成更为广泛的传播，影响目标公众感知。2011 年日本大地震后，震惊世界的不仅是 9.0 级强震和太平洋的滔天巨浪，还有日本国民的淡定、自律、配合、井然有序所体现出的高素质（冯相军，2011）。

国家形象整合营销传播多元主体的整合并不是政府、企业组织和国民个体无序的集合，而是一个经过计划的有意识的整体。在这个整体中，政府发挥主导作用，引导不同信息来源的主体以"同一个声音、同一个形象"形成强大的合力。

8.2.2　重视多种营销传播媒介的整合

整合营销传播理论强调多种传播媒介的整合，对目标公众的信息接触点进行管理。因此，管理者首先要找到、罗列每一个可能和国家目标公众接触并传递国家形象信息的媒介，然后从目标公众出发，分析不同接触点的优势和劣势，并就其优先性进行评估和排序，最后有重点地整合各个传播点的信息接触，形成国家形象的"同一个声音"。具体来看，国家形象的媒介整合包括两个层面，即大众传播媒介与其他传播媒介的整合和传统传播媒介与新媒介的整合。

（1）大众传播媒介与其他传播媒介的整合

对国家这样一个特殊客体来说，目标公众依靠亲身接触直接感知的局限性显而易见，因此，大众传媒因其信息传播的广泛性成为感知主体形成国家形象的重要方式。作为信息传送载体的大众传播媒介，通常被简称为大众传媒，它包括报纸、广播、电视、计算机网络等。传播学的议程设置理论研究证明，"大众传媒的新闻报道能够对人们的认知、观念和态度产生议程设置作用或潜移默化的建构和涵化作用"。大众传媒在发挥信息媒介作用的同时，亦在塑造媒体受众的感知。然而，大众传媒的这种国家形象建构具有两面性。一方面，国家形象传播的主体可以掌握传播的主动权，利用大众传媒努力建立积极正面的国家形象，就像观众因韩国电视剧里所呈现的俊男美女、豪车豪宅影像，而建立起关于韩国时尚、富足的国家形象联想，显然这是经过建构的。另一方面，大众传媒的建构也具有一定的不可控性，因为目标公众所在国家的大众传媒也在积极地以他们的框架参与国家形象的建构。对缺乏直接经验的目标公众来说，本国权威媒介的信息传递在他们形成对象国家形象感知过程中举足轻重。正如美国学者托马斯·博克所言："美国的媒体和官方舆论'设定了关于中国的认识、思想以及解释'，然后传达给美国民众，民众对这些看法的接受和认同最终将支持统治阶级的利益。"（托马斯·博克，2000）在当前的"中心—边缘"国际传播格局中，除少数处于"中心"地带的西方传媒强国外，大多数国家对国际传播体系的影响还是非常有限的（戴丽娜，2010）。

因此，国家形象的整合营销传播既要利用大众传媒的可控性，主动建构目标公众的国家形象认知，又要客观认识到大众传媒的局限性而积极拓展多样化的沟通渠道，增加直接接触、人际网络等传播渠道。直接接触是目标公众对对象国家最直观的感知，本研究发现除实地感受国家的自然景观、人文社会外，公众的原产国产品接触也是传播国家形象的重要渠道，不仅影响国家形象的认知部分，而且与被试内隐态度显著相关。人际传播则被证实对被调查者韩国认知形象和情感形象都具有显著影响，并呈现负相关。整合营销传播由受众出发"由外而内"的传播理念也提示我们应避免过度依赖大众媒介来传播国家形象，而给予能激发公众直接感知和经验传播的重大事件、公共外交等传播方式在国家形象表现上的更多关注。比如，我国开展的以"中法文化年"为代表的一系列文化交流活动，就是帮助外界公众更直观地感受中国灿烂悠久文化的重要渠道，这样的渠道虽然没有大众媒体那么广泛，但通常印象更加直接、深刻。个人直接感受的信息还会通过人际网络渠道扩散流传。每个人都是他所在的社会网络的一个节点，个人对国家的体验可以通过他的社会网络向外传播，而且这些体验和感受也会通过网络上的另一个节点及其社会网络向外传播，这一过程不断进行，它所带来的信息传递的影响力也是相当可观的。

（2）传统媒介与新媒介的整合

整合营销传播强调针对目标公众的信息传递管理，同时也非常关注来自目标公众的"回声"，这正是整合营销传播以消费者为导向的理念的一个反映。具有数字化、多媒体、实时性和交互性的新媒介不仅能够实现新闻的实时传递，而且因其交互性的特点成为实现国家形象整合营销传播双向沟通理念的有效途径。以互联网为例，相对于传统的新闻报刊媒介，各类新闻网站在新闻信息传递的实时性和覆盖面方面都具有比较优势，曾有人说"如果你的微博粉丝超过 100 万就是全国性报纸"，这样的说法可能不准确，不过其影响力可见一斑；而且这种基于互联网的信息传播也给予了目标公众参与、发声的权利，在与目标公众的互动过程中能及时把握对方的反应，并据此调整进行有针对性的定点传播。

新媒介时代不仅改变了现有传统传播媒介的运作形态，而且带来了多样化的创新，这些基于信息技术发展的新兴媒介形式给国家形象传播带来了生机和挑战。比如，韩国驻华大使馆开展的公共外交活动，多数通过微博、微信传播活动信息，在 2013 年"韩国大使邀请会"活动中，公众只需通过微博平台以"韩国大使邀请会"为开头，写一句对韩中友谊的祝福与建议，使馆以转发数量为基准随机筛选粉丝与韩国驻华大使共进午餐。（赵鸿燕、王丹，2014）在本研究中，新媒介对外显国家形象的认知和情感构成均产生显著影响，与内隐国家形象也显著相关，运用新媒介传播国家形象的可能性得到充分认证，与此同时，新媒介"用户生成内容"的特性反而对被调查者的国家形象感知产生负面影响，也提示我们关注国家形象新媒介传播的舆论走向并给予有效引导。

国家形象管理者应该学会恰当有效地应用和管理互联网、微博、微信等各种新兴媒体工具，不仅能科学编配使用各种新兴媒体和传统媒体，实现国家形象信息的有效传播，而且能用心倾听，善于捕捉目标公众的信息反馈，并从海量的信息中提取社会公众普遍关注的潜在问题，主动出击，由此引导、掌控国家形象传播的方向和效果，提升国家形象的知名度和美誉度。

8.2.3 多种营销策略整合的国家形象营销传播

国家形象营销传播应该注重广告、公共关系、文化营销、口碑营销、国际体育赛事等多种营销策略的协调应用、集中发力，通过各种营销策略的呼应和配合实现国家形象传播"一种形象，一个声音"的战略目标。

（1）广告

广告是大众传播的典型代表，作为传播国家形象的有效工具，其优势在于传播主题明确以及在传播内容、表现方式和播出时间地点上具有可控性（戴丽娜，2010），是目标公众获得国家形象信息的重要来源。在当前的"中心—边缘"国际传播格局中，我国由于技术、资金和语言等方面的历史和现实原因而处于"边缘"地位。因此，长期以来中国一直无法摆脱处于"中心"地带的西方传媒强国塑造的"刻板"的中国形象。欲扭转目前国际传播体系对中国国家形象的"议程设置"作用和传媒强国的"意见领袖"影响，中国势必主动采取策略性的国家形象广告战略才能突破国际媒介场域中"沉默螺旋"效应。

文化的交流与传播是一个双向的互动过程，在凸显传播主体意识的基础上，更要满足受众的接受心理，激起受众的兴趣。采用影视广告制作的手法制作国家形象宣传片，以国家广告的形式对外沟通，在满足审美感、趣味感、亲切感的基础上实现了文化传播态度上的"显性传播"，即强调以自信和开放的传播心态和行为，主动积极地展示自我、传播自我的一种态度。

国家形象广告策略需要注意以下三个方面。第一，广告主体的多元整合。目前，我国的国家形象广告由政府作为出资方的居多。实际上，随着我国跨国企业数量越来越多、实力越来越强，他们有能力，也有责任，更有必要承担起此项重任，毕竟国家形象与国际贸易之间存在着密切关系。同时，企业和民间团体组织投放国家形象广告比较容易避免宣教之嫌。巧妙地将国家形象广告与企业产品广告融为一体，将会取得双赢的传播效果。也可将之称为显性与隐性国家广告相结合的投放策略。

第二，广告本身内容不仅要有创意和吸引力，而且需要迎合跨文化语境中目标公众的价值观及信息接收的特点。以 2009 年 11 月在美国电视台播出的"中国制造"广告片为例，广告由一系列美国公众熟悉的场景组成，一幅幅色彩丰富、富含国际化元素的画面，清晰地诠释出"中国制造，携手世界共同制造"的主题，全片除结尾字幕旁的一个红色"中国制造"的印章图案，没有表现其他的中国元素，呈现出一个与时俱进、和世界接轨的中国形象。广告一经播出，引发国内外热烈讨论，而且广告效果较好，八成受访者认为广告令消费者"很好"地记住这是"中国制造"的商品，而且反思强烈①。

第三，以整合提升广告效果。广告根据其采用的媒体形式的不同可以分为电视广告、广播广告、报纸广告、户外广告等，不同的传播媒介有不同的特点，应该有效地应用多种广告形式，从而扬长避短避、优势互补。比如，中国形象广告片（人物篇）在美国时代广场户外电子屏播出的同时，也在 CNN 等电视频道和网络频道播出，如此精心地策划、整合不同传播媒介密集播出，是此次国家形象广告发挥重大影响的主要原因（何辉，2011），可以更好地吸引公众关注，提升传播效果。这里的整合还体现在广告与其他国家形象推广活动的配合上，正如整合营销传播的基本理念所强调的接触点管理，科学有效地协调多种传播手段才能实现"一加一大于二"的效果。比如北京奥运会期间，全球媒介和公众对中国的关注显著增加，此时借势发布中国形象广告将事半功倍。

（2）公共关系

公共关系（也可简称为公关）是一个社会组织通过沟通，协调处理自身与社会公众的关系，以树立品牌及组织的良好形象。伴随着国际关系从军事对抗到谋求和平发展的背景转变，国家越来越关注与日益广泛的外部公众的沟通和理解，公共关系逐渐成为国家管理国际声誉和国际关系的重要手段（方向勤，1996）。国家公共关系旨在促进国内外民众对本国行为决策的理解和支持，并最终实现国家认同。由此内涵出发，国家公共关系外延包括对内和对外两个部分，针对此前我们的国家形象界定，本研究中的国家公关客体为国际公众，公共外交则是国家开展对

---

① 佚名. 国家形象片效果欠佳 [EB/OL]. [2011-11-17]. http://news.xkb.com.cn/zhongguo/2011/1117/170368.html.

外公共关系的主要渠道和手段。(陈先红,2014)。

所谓公共外交,是"一国政府为提升本国的国际形象而开展的针对他国公众的公关活动,是一种在国外培植信任和理解的有效工具"(唐小松、王义桅,2005)。虽然公共外交的研究集中在国际关系领域,而公共关系主要应用于商业领域,属于营销学范畴,但二者的核心目标都着眼于"树立形象、扩大影响",具体形式也有异曲同工之处。"公共外交的中心是信息和观点的流通。"各种有助于国家形象信息传递和流通的公共外交形式包括倾听、倡导、文化交流、教育交流项目和国际广播等五种主要类型。比如,早在 20 世纪 80 年代日本就已经着手通过"留学生 10 万人计划"加强日本与国际社会的联结,进入 21 世纪,在亚洲成为世界经济新中心的背景下,日本"重返亚洲",又开启"留学生 30 万人计划",从入学前留学生政策宣传加强了解和理解,留学期间丰富、多样化援助活动和交流项目国家形象到回国后的跟踪服务,着力打造日本亚洲门户的形象(彭文平,2015)。整合营销传播的消费者导向,要求国家形象公共外交中给予倾听优先考虑,通过倾听收集整理有关国外公众及其观点的数据,政府可以把握国际环境,并使用这些数据调整自己的政策或者之后更广泛的公共外交实践。

正如危机公关在一定程度上反映了企业公共关系水平的高低,公共危机管理也是政府公关能力的具体体现,危难时刻,有效的公关策略帮助信息及时沟通、正面引导舆论、协调公共关系,有助于修复或塑造国家形象。2008 年汶川地震后,中国政府迅速表现出的极高的公共危机反应能力,使中国政府和民众众志成城的抗震救灾形象迅速传递到世界各地,维护和彰显了中国良好的国家形象。

此外,本书研究结论显示新媒介在国家形象传播中的作用显著,而且对目标公众国家形象认知的影响更为复杂。新媒介时代的到来,也同样给我国媒介外交带来了机遇。第一,媒介外交门槛降低。新媒介打破了信息传播在时空上的障碍,扩大了媒介外交主体。博客、播客、微博、微信、SNS 以及 BBS 等新媒介在世界范围内筑起了一座让一国政府和他国公众进行交流沟通的桥梁。第二,独立的话语力量。新媒介的发展也使得一国公众在国际事务中进行话语表达的事实成为可能。新媒介所提供的强大的信息交互平台已成为一个外交的"公共阵地"。新媒介用户作为外交的主体积极参与国际社会的各种事件、问题的讨论，掌握、传播并交流相关信息，因共同或相似的观点、看法而形成一定的舆论场。新媒介外交淡化了官方色彩，但其所形成的舆论有助于辅助本国的官方外交，它们都服务于国家利益。同时，作为一支独立的话语力量，新媒介公众对西方主流媒体的话语霸权也能起到一定的制衡作用。

因此，我们在重视公共关系在外交中所扮演的角色和作用的同时，也要重视通过正确引导和监管，使其能够最大地发挥"积极"一面的促进作用，减少其"消极"的破坏作用。

（3）文化营销

文化营销是针对目标市场的文化环境，基于文化与营销的契合点，采取一系列文化适应和文化驱动策略达成目标的一种营销方式（周玉波，2009）。文化营销为国家形象的文化传播研究的整合提供了理论的支撑。国家形象的文化营销至少包含以下两个方面的意蕴。

其一，充分考虑传播客体的文化特质性和差异性，要借助于或适应于特定的文化背景来开展国家整合营销传播活动。在本研究的概念设定下，国家形象的传播客体是具有不同文化的国际公众，只有尊重目标公众的文化差异，针对不同文化价值观背景下的传播客体有针对性地整合应用不同的营销传播形式，才有可能真正跨越文化的障碍实现国家形象信息的沟通和理解。以中国国家形象广告片为例，一经发布便引发国际舆论与关注，但是调查数据显示其提升中国形象的效果有限，甚至所带来的负面影响更为显著①。究其原因，一个非常重要的问题是没有充分考虑中美文化的差异（吴国华，2013）。广告主题鲜明，"Stunning Chinese Beauty"（令人惊艳的中国美）在首幕中就明确出现，但是这种"中国美"似乎并没有打动普通美国公众，他们并不熟悉甚至不认识广告中成组出现的中国名人（除了姚明），也不太清楚"这些穿着讲究的

---

① 《南都周刊》曾做过一期在华外国人的访谈，对国家形象宣传片多有负面评价。英国广播公司全球扫描（BBC-GlobeScan）的调查显示：该片播出后，尽管对中国持好感的美国人从29%上升至36%，上升7个百分点；但对中国持负面看法者，则上升了10个百分点，达到51%。

大款为什么呆呆地站着"（刘康，2012），加之浓墨重彩的中国红背景，更是让正经受高失业率的美国民众感到紧张，甚至是挑衅。林语堂在《吾国吾民》中对中国人的德性进行了详细描述。他认为，中国人的德性包含这样几点："圆熟、忍耐、无可无不可、老猾俏皮、和平、知足、幽默、保守性。"①而这样的"德性"内涵，与尊重个体价值、追求自我实现、永不满足地向前探索的西方人个性显然不同。因此，相对于中国人的群体意识，美国公众更强调个体，更喜欢广告中的个性化视角，比如 2010 年上海世博会期间，韩国馆播放的宣传短片就以一个残疾小女孩重拾生活信心的故事打动人心（邱凌，2011）。

其二，运用整合营销的手段传播国家形象中的文化理念，重塑目标受众的自我意识和价值观，国家的文化认同无疑是国家形象传播更高层次的追求。文化是一个民族的精神内核，是决定一个民族精神风貌、风俗习惯、社会心理、价值观念的"遗传微粒"。全球化时代，在同异国文化的博弈和融通中，凝聚中国民族精神的"中国元素"成为中国国家形象传播中的重要构成。近些年来，中国政府投入巨大资源着力打造"中国年"活动和建立孔子学院，通过亲身参与和媒介报道，外国公众得以更直观地了解、感受中国传统文化和中国现状，但是这种文化交流仅停留在活动层面，缺乏影响的持续性，文化营销只有借助物化的载体，即文化产品的消费才能产生更为持久的营销效果（范玉刚，2011）。比如，韩国政府以"韩流"为载体的文化营销不仅让目标公众感知到一个时尚、富足的韩国形象，也使得韩国传统文化精髓为公众所熟知。本研究发现影视作品的接触与国家的情感态度和内隐态度显著正相关，目标公众观看影视作品过程中产生的移情和共感作用可以潜移默化地实现其对贯穿其中的国家文化内涵的认知和理解，增强国家文化的吸引力、感召力与同化力，提升国家形象（刘少华、高祖吉，2011）。因此，国家形象的文化营销应该整合多样化的传播形式，全景展示国家形象的文化内涵，使得目标公众在认知的基础上理解、接受，最终实现认同。

---

① 林语堂. 吾国与吾民［M］. 南京：凤凰出版集团，2010.

（4）口碑营销

口碑传播是形成品牌美誉度的重要途径，营销领域的诸多研究都已经证明作为一种自发性和主动性传播方式，其具有可信度高、说服力强的特点，最易为目标公众所接受。在影响消费者态度的因素中，口碑传播的影响作用日益凸显（徐伟青、黄孝俊，2004）。对于外部公众，以亲身体验直接感知的方式形成国家形象无疑是非常有限的，在本书所讨论的多个信息接触来源中，来自亲戚朋友的经验信息被证明是目标公众国家形象感知的重要影响因素。因此，有必要以营销的方式有意识地激发、引导、把握公众的国家形象口碑传播，具体应着重注意以下三个方面：

第一，口碑营销目标公众的细分和选择。口碑营销的相关研究显示，公众的个体因素是影响传播效果的重要因素，也就是说，面对不同的目标公众，相同的口碑传播信息的影响各异。正如一个企业只有通过市场细分和目标市场选择才能更有效地开展营销活动，国家形象的口碑营销也要有针对性地进行。在口碑传播网络中，口碑传播发起者和每一个口碑接受者都是网络中的一个节点，而口碑的每一次传播都是网络中的一条边（陈明亮、章晶晶，2008）。理论上说，传播网络中的每一个节点都在一定程度上影响着口碑信息的传递，只是这种影响程度并不相同。魏婧等（2011）借鉴传染病模型的人群划分理念，根据个性特征将网络口碑节点用户划分为三种类型，经过仿真模拟实验研究发现随着完全不受口碑信息影响的 A 类节点用户增加，网络中受到口碑信息影响的人数会迅速减少。而随着在网络中占比例较低但是属于易传播类型的 C 类用户增加，整个网络中受到口碑信息影响的人数会明显增加。类似结论在口碑营销研究中得到较为普遍的支持，王德胜、李一楠（2007）定义这些节点用户为"网络枢纽"，并将其划分为一般型枢纽、超级型枢纽、专家型枢纽和社会型枢纽四种类型。依据这种目标公众的分类，从二八法则的角度来看，国家形象口碑营销应重点关注目标公众中的意见领袖，即超级型枢纽、专家型枢纽和社会型枢纽，他们或者已经建立起强大的号召力和影响力，或者具有更令受众信服的专业知识背景，抑或具有强烈的表达需求和个人魅力。而对于一般型枢纽则需要进一步区分和选择，比如吴国华等（2013）对美国皮尤研究中心 2011 年度全球态度调查数据二度分析，发现受访者的年龄和对中国的好感有密切的关联，18 岁以上的成年人中，年龄越小，对中国越具好感，而年龄越大则对中国越没好感，由此可以预见将中国形象口碑营销的重点放在具有良好基础的年轻人身上更有可能事半功倍。

第二，口碑营销的新媒介选择。新媒介的迅猛发展极大丰富了口碑信息传播的途径，除了传统的口口相传，在社会化媒体日益普及的背景下，公众讨论、传播、共享信息的方式更加多样化（于婷婷，2013），从另外一个角度来说，也为国家形象口碑传播接触点的甄别和选择带来更大挑战。正如现实生活中"人以群分"，在线社会网络中的用户也并非杂乱无章的存在，而且虚拟网络使这种基于共同兴趣和偏好的聚集突破了时空和地域的限制，口碑传播的效应被数倍放大。在此背景下，国家形象的口碑营销必须有针对性地整合新媒介的多种形态，尤其是一些社会化媒体。与传播媒介相适应，口碑营销的内容也要适应新媒介的互动性特点，才能吸引公众积极参与到口碑的传播中，形成一定的话题效应。以旅游公众为例，相对于在官方微博或微信上单向地传递国家目的地信息，通过设置受众感兴趣的话题鼓励大家积极参与、发表观点看法往往收效显著。陈明亮、章晶晶（2008）发现网络口碑内容的趣味性是影响网络口碑再传播意愿的最重要因素，趣味性强的网络口碑信息，不仅能够引起接受者的兴趣，触发其向他人发送和推荐信息内容的冲动，而且口碑信息更容易进入接受者的记忆系统，从而增大被转述、引用和传递的可能性。

第三，加强负面口碑传播的管理。口碑营销是一把双刃剑。社会学中的"弱连带优势"理论认为，弱连带较之于强连带有更好的信息传播效果。与现实生活中的人际网络相比，基于互联网的新媒介更多地具有弱连带优势。正面口碑和负面口碑在网络媒介的放大作用下，影响力骤增。而且研究表明，负面口碑比正面口碑更能引起人们的关注和重视，更易被广泛传播（唐雪梅等，2012）。因此，国家形象的口碑营销在积极引导、激发公众正面口碑的同时，也要着重加强负面口碑传播的控制。一方面在口碑营销的日常管理中，建立广泛、灵敏的监测机制，密切关注、评估目标公众的口碑信息动向，以便及时协调、化解危机；另一方面，对于已经出现的负面口碑采取有效措施，积极应对。吴泗宗等（2014）对负面口碑再传播评估决策机理的研究发现，可以从降低负面口碑可信性的角度影响受众对负面口碑的接受程度，削减负面口碑的影响。比如，当发现可能对国家形象造成伤害的负面口碑甚至谣言，可以针对某些传播者特征质疑口碑信息的可信性，特别是传播源的专业能力、传播动机、个人品质以及利益关系等问题。

（5）国际体育赛事

安东尼·吉法德（C.Anthony Giffard）和南希·莱文伯格（Nancy K.Rivenburgh）在《如何通过全球性媒介事件塑造国家形象》一文中，把一些具有全球影响而非仅仅在某一国具有影响的媒介事件，比如奥运会、世界杯等，称为"全球性媒介事件"。各国媒体对全球性媒介事件的报道，在传达客观信息的同时，也渗透着传播者的思想和观点，成为一国形象进入国际社会的重要通道。与严肃的政治、宗教、经济媒介事件相比，奥运会、世界杯等全球体育赛事更能够跨越语言、宗教、意识形态等各种障碍，让全世界为之驻足。

如今，国际体育赛事已经成为一项重要的国家行为，超越了人们单纯释放体能、强身健体、追求快乐的基本要求，而是内化了更多政治、经济与文化意义。举办体育赛事，不仅能集中体现出一国的国家特征与综合实力，还能全方位地展示出一国国家行动的有效性，因而为国家形象的塑造提供了丰富的素材，成为提升国家形象的重要途径。举办国际体育赛事和国际活动需要政府的投入和国民的参与，国家形象在这些为他国人民的服务过程中得以直接展现。国家提供各种资源的能力、服务的水平以及服务过程中的任何细节都会给赛事或活动的参与者留下深刻印象。体育与文化的交融不仅增加了体育赛事的观赏性和趣味性，还使体育赛事的"仪式性"大大增强，成为传递举办国家体育文化、民族文化的平台，也成为树立国家文化形象的窗口。

国际体育赛事所展现的一国的经济实力、政治形象、文化内涵以及国民素质需要借助媒体的力量向外传播，将国家实体存在转变为媒体影像存在。具体而言，国家形象主要通过将国际体育赛事塑造成为"媒介事件"进行传播。媒介事件最初是指令国人乃至世人屏息驻足的电视直播事件，如"电视仪式"或"节日电视"，甚至是"文化表演"。电子媒介的全球化进程推动了体育赛事发展成为世界瞩目的媒介事件，而互联网的飞速发展及其开放性、多元性、互动性的特征使新媒介时代的国际体育赛事在更广阔的范围内进行全球传播。

相较日常的新闻报道而言，媒介事件的传播通常是在短时间内聚热于一个特定选题，通过大篇幅、多角度的密集报道，形成连续性和集中性的报道攻势，从而产生强劲的传播效果，使一个国家在短期内迅速成为世界关注的焦点。曼海姆曾经指出，如果一个国家要在世界舞台上谋求赞赏和正面的形象，就必须设法举办全球性媒介事件。

媒介事件对国家形象的塑造作用得益于其强大的议程设置功能。一方面，国际体育赛事实现了对国际公众的议程设置。在体育赛事全球传播的过程中，国际媒体通常会增加对主办国及其相关的新闻报道，使原本对赛事主办国相当陌生的国际公众通过大规模的集中报道开始关注并了解主办国的政治、经济和文化，而报道中所展现的主办国形象也成为国际公众对主办国形象认知的重要来源。另一方而，媒介事件实现了媒体间的议程设置。媒介事件通常是一段时间内各类媒体集中报道的对象。媒体之间很容易形成相互联系、共同报道、共享信息来源的"互助格局"。一家媒体挖掘出的热点有时会引发多家媒体的迅速跟进报道，使与媒介事件相关的各类主题获得充分演绎。

国际体育赛事的举办国无疑是全世界媒体报道的中心和民众关注的焦点，如何利用这个宝贵的机会，影响世界舆论，积极塑造自身的国家形象，是每一个举办赛事国家的重点工作。借助 1998 年举办奥运会以及 2002 年举办足球世界杯的大好机会，韩国政府和媒体做了大量的工作，向世界展示韩国的国家形象，使韩国的国际名声在极短的时间内大振。2008 年北京奥运会的成功举办，是一次中国国家形象的成功公关，大大改善和提升了中国在世界人民心目中的形象。一流的奥运场馆设施，美丽的市容，百万奥运志愿者的微笑，中国运动员在赛场上的顽强拼搏，国民的热情和真诚，让世人看到了一个富强、友好的中国，看到了一个前途光明、生机勃勃的中国。

8.3　研究局限和展望

8.3.1　研究局限

本书以双重态度模型理论为基础，在国家形象二重性框架下，对目标公众感知国家形象的整合营销传播机理进行研究，并据此提出国家形象整合营销传播的多维框架，但研究过程中也存在一定的局限性。

第一，跨文化语境的实证研究不足。面对来自众多信息接触来源和不同媒介的信息刺激，外部公众的国家形象感知与其文化水平紧密相关。本书在国家形象整合营销传播的理论分析中已经充分认识到目标公众的文化差异，但是对于这一跨文化语境的营销传播分析缺乏实证研究的支持。

第二，实证研究样本相对单一。本研究中的内隐态度测量采用单类内隐联想测验（SC-IAT）程序在计算机上完成，为保证实验完成的便利性和内部效度（江红艳等，2013），与大多数心理学实验研究相同，选用在校大学生作为被试样本，研究样本相对单一。作为国家形象感知的主体，被试群体的人口统计学属性、信息接触特点等因素将在一定程度上影响研究结论的普适性。

第三，没有考虑目标受众的个体因素影响。本研究的重点是探索国家形象感知过程中营销传播因素的影响机理，从而为构建国家形象整合营销传播框架提供理论支撑，加之样本为单一性质的大学生群体，因此没有考虑目标公众国家形象感知过程中其个体因素的影响。

8.3.2　研究展望

随着全球一体化的不断发展，在国际传播气象万千、国际舆论效应日渐凸显的数字信息时代背景下，一国的国家形象扮演着越来越重要的角色。关于国家形象营销传播的研究也必将不断深入和丰富，本书的研究还可以进行如下拓展：

第一，国家形象传播的跨文化实证研究。从传播学的角度来看，国家形象是一个由传播主体、信息传播过程和目标公众构成的互动系统（董小英等，2008）。现有研究证实，不同文化背景的被访者对特定目的地的感知形象存在差异（Chen & Kerstetter，1999；Mackay & Fesenmaier，2000），作为同样以态度理论为基础的概念，国家形象的感知也与进入"互动系统"的目标公众所嵌入的文化背景紧密相关。未来的研究中可以选取不同文化背景的样本，探索文化差异对国家形象感知过程的影响，为围绕国际公众展开的国家形象整合营销传播提供更有力的理论支撑。

第二，选取更多样化的样本拓展研究结论。基于单一样本获得的研究结论，因其所带有的被试群体烙印，而在普及应用方面必然面临一定的局限性。分众理念的普及已经让我们意识到不同群体的信息消费需求和信息接触行为都有可能呈现自己的独特属性。未来如果条件许可，可以考虑征集更多样化的实验参与者，对研究结论进行进一步的论证和挖掘。

第三，增加目标公众个体因素影响的研究。在本书的国家形象二重性实证研究中，仅区分性别属性，男生和女生的外显国家形象和内隐国家形象已经呈现出一定的差异。未来研究中，如果能获得多样化的实验样本，则可以考虑将目标公众的个体因素，如性别、年龄、收入等纳入国家形象感知模型，对国家形象的整合营销传播机理进行更完整地呈现和更深入地探讨。

附录 A 外显国家形象前测问卷（积极组和消极组共用）

同学：

你好，以下调查要了解你对韩国的认识，请根据真实感受作答，非常感谢你的参与！

第一部分 韩国形象测量问卷

请在最接近你意见上的对应方框中打（√）。

题项	非常同意	同意	比较同意	中立	比较不同意	不同意	非常不同意
A1韩国是一个经济发达的国家							
A2韩国是一个教育水平高的国家							
A3韩国是一个生活水平高的国家							
A4韩国是一个技术研究水平高的国家							

续表

题项	非常同意	同意	比较同意	中立	比较不同意	不同意	非常不同意
A5韩国是一个富足的国家							
A6韩国是一个文化具有吸引力的国家							
A7韩国人是勤奋努力的							
A8韩国人是友好的、可爱的							
A9韩国人是值得信任的							
A10韩国人是爱好和平的							

第二部分　个人信息

姓名：　　　　　学号：

性别：

生源地：（　　）省（　　）地区

附录B　积极组外显国家形象后测问卷

同学：

你好，首先请根据刚才的阅读材料内容回答第一部分的问题，然后再次对韩国形象进行评价，非常感谢你的参与！

第一部分　回答问题

请将你的答案写在题后的括号中。

你认为以下哪个答案最能总结刚才阅读材料的内容（　　）。

A.韩国是中国的友好邻邦　　B.韩国与中国关系紧密

第二部分　韩国形象测量问卷

请在最接近你意见上的对应方框中打（√）。

题项	非常同意	同意	比较同意	中立	比较不同意	不同意	非常不同意
A1韩国是一个经济发达的国家							
A2韩国是一个教育水平高的国家							
A3韩国是一个生活水平高的国家							
A4韩国是一个技术研究水平高的国家							
A5韩国是一个富足的国家							
A6韩国是一个文化具有吸引力的国家							
A7韩国人是勤奋努力的							
A8韩国人是友好的、可爱的							
A9韩国人是值得信任的							
A10韩国人是爱好和平的							

第三部分　个人信息

姓名：　　　　　　学号：

性别：

生源地：（　　　）省（　　　）地区

附录C　消极组外显国家形象后测问卷

同学：

你好，首先请根据刚才的阅读材料内容回答第一部分的问题，然后再次对韩国形象进行评价，非常感谢你的参与！

第一部分　回答问题

请将你的答案写在题后的括号中。

你认为以下哪个答案最能总结刚才阅读材料的内容（　　　）。

A.韩国对中国并不太友好　　　B.韩国人有的时候很讨厌

第二部分　韩国形象测量问卷

请在最接近你意见上的对应方框中打（√）。

题项	非常同意	同意	比较同意	中立	比较不同意	不同意	非常不同意
A1 韩国是一个经济发达的国家							
A2 韩国是一个教育水平高的国家							
A3 韩国是一个生活水平高的国家							
A4 韩国是一个技术研究水平高的国家							
A5 韩国是一个富足的国家							
A6 韩国是一个文化具有吸引力的国家							
A7 韩国人是勤奋努力的							
A8 韩国人是友好的、可爱的							
A9 韩国人是值得信任的							
A10 韩国人是爱好和平的							

第三部分　个人信息

姓名：　　　　　学号：

性别：

生源地：（　　　）省（　　　）地区

附录 D　积极组干预材料

1. 中韩交往持续加温

中韩自 1992 年建交以来，两国关系实现跨越式发展。在人文交流领域，中国现在是韩国最大留学生来源国、最大海外旅行目的地国；去年中韩人员往来达 822 万人次；每周往返于中韩之间的航班达 800 多个；两国友好省市已达 154 对；在韩国举办的汉语水平考试参加人数屡创新高，韩国中文培训机构数量以年均 20% 的速度增长；《来自星星的你》等韩剧在中国广受喜爱，中国文学、艺术和影视作品在韩国也有大批拥趸……

2. 习近平主席访韩

2014 年 7 月 3 日至 4 日，中国国家主席习近平对韩国进行了国事访问。韩国三大传媒之一《中央日报》很早就关注此访问，并投入大量人力筹备"习近平主席访韩"特辑。该特辑将于习近平主席抵达韩国当天见报，报道版面达 12 个版。特辑主题为"中国梦，一起同行"。

"习近平主席访韩是走亲访友的'探亲'之旅。"韩国外国语大学国际关系学院院长黄载皓对本报记者这样评价习主席此次访韩。他说，习主席在韩国主要报纸刊登的文章中提到"双方应该像走亲戚一样加强高层和各领域交往"，如果说去年朴槿惠总统访华是朋友至交的访问，那么今年习主席的到访就意味着两国关系更上一层楼，更加亲密。习主席访韩虽然短暂，但此访最大的亮点是习主席专程访问韩国，两国在各自关切的问题上都了解了对方的立场，互相为对方考虑。韩中关系已经发展到了"亲戚"的阶段，可以用"成熟"来形容两国的战略合作伙伴关系。

3. 台风无情人有情　韩国积极救助遇险中国渔船

韩国海洋警察厅于 2012 年 8 月 29 日表示，中国搜救中心感谢韩国海警救助遭台风袭击的中国渔民。两艘中国渔船星期二因布拉万台风影响在韩国济州附近海域触礁，33 名船员中有 6 人自行游泳上岸，12 人被韩国海警救起。中国搜救中心赞扬韩国海警在恶劣天气条件下不顾生命危险救助中国渔民，并向他们表示崇高的敬意。目前韩国海警已经捞起 7 名中国渔民的尸体，另外还有 8 人失踪。

4. 汶川地震，韩国企业 SK 集团积极捐款

2008 年 5 月 12 日下午 2 点 28 分，四川省汶川县遭受了罕见的 7.8 级地震灾难，灾情牵动着亿万中国人民的心，大批企业自发向灾区捐款捐物以表达对灾区人民的慰问之情，在华外企也纷纷伸出援助之手。

作为一直与中国政府和企业有着长期友好合作关系的 SK 集团，在第一时间决定由集团捐款 1 000 万元人民币，用于灾区紧急物资的采购及受灾群众的安置工作。

同时 SK 集团已向所属的中国 85 家法人企业发出捐赠倡议，据悉，SK 集团旗下的 SK 电讯、SK 能源等主要企业已经分别联络各自子公司一起向灾区捐款，同时 SK 集团在华各公司员工也都自发的积极进行捐款。

SK（中国）董事长金泰振表示："SK 在中韩建交之前就已经来到中国，是中国人民的老朋友。在中国人民需要帮助的时候，作为'中国企业公民'的 SK 义不容辞。现在，我们办公室中无论是韩国员工还是中国员工都非常关心灾区的抢险救灾情况，大家都积极踊跃地向灾区捐款，部分员工还以献血的方式表达了爱心。"

据悉，除 SK 集团的 1 000 万人民币以外，SK 员工的第一批自发捐款 201 175 元人民币也将于近期捐给中国红十字会。

SK 集团是韩国第三大集团，世界 500 强企业。1991 年在北京设立办事处。SK 集团和下属所有企业都把在中国履行企业社会责任看成是企业战略不可分割的一部分。SK 集团先后在中国开展了"中韩友好林"、捐建希望小学等公益活动。2003 年非典期间，SK 电讯第一时间向中国医务工作者捐献了通信设备。2007 年，SK 集团又决定三年共捐出 600 万元人民币用于中国青少年的教育公益事业。

附录 E 消极组干预材料

1.韩媒给首尔 FC"壮胆儿" 贬低中国球员意志力

两周前亚冠决赛首回合之前,恒大在首尔遭遇一系列"不方便",惹得主帅里皮大发感慨:"30 年没遇到过类似的事情。"且不论这些是不是首尔 FC 有意为之,反正韩国球队这次奔赴广州打客场,是处处透着小心谨慎,生怕恒大"还以颜色"。对此,恒大付之一笑:"请首尔FC 放心过来,我们会在球场上见高低。"

首尔 FC 小心翼翼地来到了广州,主帅崔龙洙面色带着一丝凝重。比赛即将开始,大战前的气氛显得有些紧张,而这个时候,韩国媒体和韩国球员还是一如既往地"酸溜溜",反复强调亚冠比赛中的韩国因素,但给人的感觉是,他们更像是给自己"壮胆"。

抱怨恒大不领情

近日,韩国媒体《Sportalkorea》这样写道:"最近两年,韩国企业三星曾经先后两次表达过希望和广州恒大合作的意愿,希望能够得到恒大球衣胸前的赞助,但是恒大都将三星的合作意向回绝。"对此,文章进行了这样的评论:"恒大不应该放弃这样的机会。全球性企业已经在中国市场无条件存在,这也是恒大宣传他们企业的最佳途径,恒大必须抓住全球性企业希望和球队合作的心态,这样球队才能继续保持领先。"

贬低中国球员意志力

据韩国媒体《Footballlist》报道,2011 年上半赛季曾在大连实德效力过的首尔 FC 副队长金珍圭在接受采访时发表了他对中国足球的看法:"在中国的时候,广州确实是一支不错的球队,不过中国球员的精神力却是很可怜,我们只要先进球就行了,虽然中国球员的实力确实有所提高,但是只要他们一丢球,就会出现急速崩溃的场面。"

批评海报太高调

说完恒大不应该不接受三星的赞助,说完中国球员精神力有限,韩国媒体又把矛头指向了恒大俱乐部制作的海报。多家韩国媒体都称恒大的海报太高调，一定能起到火上浇油，刺激首尔 FC 队斗志的目的。其中《Sportalkorea》写道："亚冠决赛对手广州恒大，5 日在俱乐部官网以极其独特的方式展现出自己对亚冠冠军的自信。不过说好听的是自信，不客气地讲就叫傲气逼人。过分的自负必然酿成球队的毒酒。首尔 FC 通过这样的刺激充分激发出斗志，从而充分做足准备。"

2.韩国斥巨资为"中医申遗"铺路　被指开国际玩笑

韩国称"韩国针灸替换中国成为国际标准"的言论引起世界卫生组织（WHO）关注。据有关人士透露，WHO 官员已谴责韩国表态，并将于近日在中国召开发布会，向外界说明真相。据悉，WHO 有官员已通过私人渠道向中国表达了歉意及对韩国的谴责。

中国香港《文汇报》报道，WHO 传统药物合作中心的丹尼拉·巴戈泽博士强调，"在 2006 年 11 月日本筑波会议之前，WHO 就已经明确了多数穴位定位标准，其中 90%都采纳了中国专家的方案。这足以说明，中国针灸在国际上的公认地位。"

事实上，韩国韩医协会歪曲事实的行为也已经遭到韩国国内有关专家的强烈谴责。大韩医师协会下属的医疗一元化特别委员会通过媒体表示："韩医协会发布的'韩国针灸术压倒中国成为世界标准'的报道纯属虚构。"该委员会还敦促韩医协会纠正自己的错误行为。当前，韩医协会已经间接承认自己夸张，但不愿公开纠正错误。

3.大灾难面前，韩国人的"真面目"

汶川大地震至今已经有六万多人罹难，中国人民与巨大灾难的斗争还未结束，灾区人民正经历着白发人送黑发人，生死离别之痛。在十三亿中国人民举国同悲之时，少数韩国人露出了他们的真面目，迫不及待地幸灾乐祸，高声叫好。《环球时报》驻韩记者在韩国网站上查看网民留言，看完后不禁倒吸一口凉气。许多网民对中国的地震不仅没有同情，反而是幸灾乐祸和冷嘲热讽，让人看了痛心。

参考文献

[1]　艾传国,佐斌.单类内隐联想测验SC-IAT在群体认同中的初步应用[J].中国临床心理学杂志,2011,(6):476-478.

[2]　里斯,特劳特.定位:头脑争夺战[M].北京:中国财政经济出版社,2002.

[3]　陈尚志.论中国媒体的韩国观[G]//复旦大学韩国研究中心.韩国研究论丛(第十一辑).北京:中国社会科学出版社,2010:233-261.

[4]　陈旭鑫,叶新平.媒介融合背景下电视赢回青年受众的策略选择——基于对大学生媒介接触与使用的实证调查[J].电视研究,2012(6):66-69.

[5]　陈笛,亮亮.美国和布什形象都变差[N].解放日报,2007-01-24(4).

[6]　陈正良.增强中国"软实力"与国家形象塑造[J].江汉论坛.2008(2):18-21.

[7]　陈先红.论国家公共关系的多重属性[J].对外传播,2014(3):43-45.

[8]　陈明亮,章晶晶.网络口碑再传播意愿影响因素的实证研究[J].浙江大学学报:人文社会科学版,2008(9):127-135.

[9]　程曼丽.国家形象危机中的传播策略分析[J].国际新闻界,2006,(3):5-10.

[10]　程曼丽.论"议程设置"在国家形象塑造中的舆论导向作用[J].北京大学学报(哲学社会科学版),2008(2):162-168.

[11]　程曼丽.大众传播与国家形象塑造[J].国际新闻界,2007(3):5-10.

[12]　程圩,隋丽娜.旅游形象感知模型及其应用研究——以长三角居民对韩国旅

游形象感知为例[J]. 旅游科学,2007(1):7-12.

[13] 初广志. 中国文化的跨文化传播? ——整合营销传播的视角[J]. 现代传播,2010(4):101-106.

[14] 戴丽娜. 基于"软权力"构建的国家形象广告研究[J]. 新闻记者,2010(3):9-12.

[15] 董小英,等. 奥运会与国家形象:国外媒体对四个奥运举办城市的报道主题分析[J]. 中国软科学,2005(2):1-9.

[16] 范玉刚. 文化"走出去"要有新思维、新视野[J]. 中共中央党校学报,2011(4):102-105.

[17] 范红. 国家形象的多维塑造与传播策略[J]. 清华大学学报(哲学社会科学版),2013(2):141-152.

[18] 方向勤. 论外交活动中的公共关系[J]. 北京大学学报(哲科社会科学版),1996(6):73-79.

[19] 菲利普·科特勒. 国家营销[M]. 俞利军,译. 北京:华夏出版社,2003.

[20] 菲利普·科特勒. 营销管理[M]. 于永贵,等,译. 上海:上海人民出版社,2009.

[21] 冯惠玲,胡百精. 北京奥运会与文化中国国家形象构建[J]. 中国人民大学学报,2008(4):16-25.

[22] 冯相军. 日本人:地震灾难中的淡定和素质[J]. 观察与思考,2011(4).

[23] 傅新. 全球化时代的国家形象[J]. 国际问题研究,2004(4):13-17.

[24] 付玉杰. 介质为王:媒介融合态势下传统媒介的突围之道[J]. 西南大学学报(社会科学版),2011(5):143-148.

[25] 高红梅. 基于新媒体的整合营销传播策略研究[J]. 新闻知识,2013(12):54-57.

[26] 高飞. 公共外交的界定、形成条件及其作用[J]. 外交评论,2005(6):105-112.

[27] 高宪春. 新媒介环境下议程设置理论研究新进路的分析[J]. 新闻与传播研究,2011(1):12-20.

[28] 管文虎. 国家形象论[M]. 成都:电子科技大学出版社,1999.

[29] 虢亚冰,黄升民,王兰柱. 中国数字新媒体发展报告[M]. 北京:中国传媒大学出版社,2006.

[30] 郭国庆,杨学成,张杨. 口碑传播对消费者态度的影响:一个理论模型[J]. 管理评论,2007(3):20-26.

[31] 韩瑞霞,等. 差异中的同一:中美文化价值观比较——基于一项对美国民众的大型国际调研[J]. 上海交通大学学报(哲学社会科学版),2011(6):49-55.

[32] 何辉. 中国国家形象定位分析[J]. 现代传播,2006(2):113-117.

[33] 何辉. 中国国家形象广告:策略与效果[J]. 对外传播,2011(3):16-17.

[34] 何家讯,丁玎. 整合营销沟通的实践:基于三国调查的发现[J]. 经济管理, 2003(18).

[35] 黄佶. 关于"龙"的英译名修改问题[J]. 社会科学,2006(11):161-169.

[36] 黄颖. 议程植入·拟态呈现·分众聚合·心理同构——当前电影"传媒性"略论 [J]. 当代电影,2011(11):145-147.

[37] 黄伟庆. 内隐态度的缘起、研究现状及展望[J]. 贵州师范学院学报,2014 (3):65-69.

[38] 黄澄清. 系统思考应用于协同管理及整合行销传播之研究[D]. 中国科学技术 大学,2006.

[39] 江红艳,王海忠,陈增祥. 引自心理加工模式对品牌原产国刻板印象逆转的影 响[J]. 中山大学学报:社会科学版,2013(4):189-200.

[40] 蒋宏,徐剑. 新媒体导论[M]. 上海:上海交通大学出版社,2006.

[41] 贾跃千. 基于国籍差异的杭州市入境旅游市场目的地感知形象研究[J]. 经 济地理,2009(3):510-515.

[42] 匡文波,任天浩. 国家形象分析的理论模型研究——基于文化、利益、媒体三 重透镜偏曲下的影像投射[J]. 国际新闻界,2013(2):92-101.

[43] 匡文波. "新媒体"概念辨析[J]. 国际新闻界,2008(6):66-69.

[44] 匡文波. 新媒体是主流媒体吗? ——基于手机媒体的定量研究[J]. 国际新 闻界,2011(6):80-84.

[45] 匡文波. 中国微信发展的量化研究[J]. 国际新闻界,2014(5):147-156.

[46] 萨默瓦,波特. 文化模式与传播方式:跨文化交流文集[M]. 麻争旗,等,译. 北京:北京广播学院出版社,2003.

[47] 威廉斯. 关键词——文化与社会的词汇[M]. 刘建基,译.北京:生活·读书· 新知三联书店,2005.

[48] 冷克平,英伟. 区域营销中的整合营销传播[J]. 技术经济与管理研究,2006 (1):124-125.

[49] 李怀斌. 论"共主体"营销话语的建构与践行——关于现代营销近视症的矫治 研究[J]. 中国工业经济,2012(2).

[50] 李怀斌. 现代营销的困境与救赎——基于社会网络嵌入的后现代营销论纲 [J]. 中国工业经济,2009(6).

[51] 李怀斌. 经济组织的社会嵌入与社会形塑——企业社会嵌入及其对企业范式 形成的自组织机制[J]. 中国工业经济,2008(7).

[52] 李怀斌,马文成. 基于文化嵌入的农产品营销组织整合机制研究[J]. 财经问 题研究,2012(12).

[53] 李彦冰,荆学民. 国家形象传播研究的几个问题[J]. 国际新闻界,2010(6):118-122.

[54] 李玮,谢娟. "媒介"、"媒体"及其延伸概念的辨析与规范[J]. 武汉理工大学学报:社会科学版,2011(10):694-699.

[55] 李文娟. 霍夫斯泰德文化维度与跨文化研究[J]. 社会科学,2009(12):126-129.

[56] 瓦雷. 营销传播:理论与实践[M]. 范红,译.北京:清华大学出版社,2011.

[57] 林惠祥. 文化人类学[M]. 北京:商务印书馆,1991.

[58] 林曦. 形象建构的"镜像—溢出"效应——论跨文化形象学的认识论原则[J]. 厦门大学学报:哲学社会科学版,2013(4):11-16.

[59] 刘刻. 中国国家形象建构的空间维度[J]. 江苏行政学院学报,2009(2):39-43.

[60] 刘小燕. 关于传媒塑造国家形象的思考[J]. 国际新闻界,2002(2):61-66.

[61] 刘俊升,桑标. 内隐-外显态度的关系及其行为预测性[J]. 华东师范大学学报(教育科学版),2010(2):59-66.

[62] 刘继南,何辉. 当前国家形象建构的主要问题及对策[J]. 国际观察,2008(1):29-36.

[63] 刘永芳,马明娜. 内隐和外显态度预测消费者行为的一致性研究[J]. 心理科学,2009(3):563-566.

[64] 刘建新,陈雪阳. 口碑传播的形成机理与口碑营销[J]. 财经论丛,2007(9):96-102.

[65] 刘力. 旅游目的地形象感知与游客旅游意向——基于影视旅游视角的综合研究[J]. 旅游学刊,2013(9):61-72.

[66] 刘康. 全球传媒与中国国家形象[J]. 新闻与传播研究,2009(6):7-10.

[67] 刘康. 国家形象塑造:讲外国人听得懂的话[J]. 学术前沿,2012(7):24-33.

[68] 刘少华,高祖吉. 基于文化传播视角的中国国际形象析论[J]. 中国出版,2011(5):16-19.

[69] 福特纳. 国际传播——"地球都市"的历史、冲突与控制[M]. 刘利群译. 北京:华夏出版社,2000.

[70] 马特拉. 世界传播与文化霸权[M]. 陈卫星,译. 北京:中央编译出版社,2001.

[71] 马诗远. 走近国家形象传的"人媒介"——旅游传播语境中的新观察[J]. 现代传播,2010(10):145-146.

[72] 波特. 国家竞争优势[M]. 陈小悦,译. 北京:华夏出版社,2002.

[73] 门洪华,周厚虎. 中国国家形象的建构及其传播途径[J]. 国际观察,2012

　　　　(1):8-15.

[74]　苗红果.《人民日报》中的韩国国家形象呈现(2007-2012)[D]. 吉林大学,
　　　　2013.

[75]　聂莺. 媒介环境学视野下的社交媒体依赖现象[J]. 东岳论丛,2015(2):
　　　　189-192.

[76]　宁树藩. 论新闻的特性[J]. 新闻大学,1984(12).

[77]　彭文平. 日本的留学生公共外交[J]. 日本问题研究,2015(2).

[78]　邱凌. 国家形象宣传片的跨文化传播策略[J]. 现代传播,2011(12):35-38.

[79]　桑颖. 论国际旅游与国家形象的塑造[J]. 东南亚纵横,2009(9):101-105.

[80]　沈菲,等. 新媒介环境下的中国受众分类:基于2010全国受众调查的实证研
　　　　究[J]. 新闻大学,2014(3):100-107.

[81]　舒尔兹. 全球整合营销传播[M]. 北京:中国财政经济出版社,2004.

[82]　舒尔兹,田纳本,劳特朋. 整合营销传播[M]. 呼和浩特:内蒙古人民出版
　　　　社,1999..

[83]　霍尔. 表征——文化表象与意指实践[M]. 徐亮,陆兴华,译. 北京:商务印书
　　　　馆,2003.

[84]　孙璐清. 中国制造的国家营销[J]. 商业研究,2009(2).

[85]　孙有中. 国家形象的内涵及其功能[J]. 国际论坛,2002(3):14-21.

[86]　孙英春. 中国国家形象的文化建构[J]. 教育与研究,2010(11).

[87]　邓肯. 整合营销传播:利用广告和促销建树品牌[M]. 北京:中国财政经济出
　　　　版社,2004.

[88]　唐小松,王义桅. 国外对公共外交的探索[J]. 国际问题研究,2005(1):60-63.

[89]　唐雪梅,赖胜强,朱敏. 网络口碑信息特征对受众再传播意愿影响研究[J].
　　　　情报杂志,2012,31(4):133-137.

[90]　陶丹,张浩达. 新媒体与网络传播[M]. 北京:科学出版社,2001.

[91]　博克,丁伯成. 大洋彼岸的中国幻梦——美国精英的中国观[M]. 北京:外文
　　　　出版社,2000.

[92]　汪涛,邓劲. 国家营销、国家形象与国家软实力[J]. 武汉大学学报:哲学社会
　　　　科学版,2010(2):249-253.

[93]　王永嘉. 事件管理.[M]. 北京:清华大学出版社,2005.

[94]　王晓玲,董向荣. 韩国国家形象的变迁及其启示[J]. 当代韩国,2010(夏季
　　　　号):42-47.

[95]　王纯阳. 基于SEM的旅游目的地形象影响因素研究——以张家界为例[J].
　　　　经济管理,2010(3):92-100.

[96]　王启万. 整合营销传播中顾客感知价值的形成机理及驱动研究[D]. 中国矿

业大学,2009.

[97] 王秀丽,韩纲."中国制造"与国家形象传播——美国主流媒体报道30年内容分析[J]. 国际新闻界,2010(9):49-55.

[98] 王德胜,李一楠. 口碑营销组合策略模型构建研究[J]. 山东大学学报:哲学社会科学版,2007,(6):119-123.

[99] 韦路,吴飞,丁方舟. 新媒体,新中国?网络使用与美国人的中国形象认知[J]. 新闻与传播研究,2013(7):15-33.

[100] 翁智刚,等. 消费者对慈善和商业赞助的态度如何?——基于双重态度理论的研究[J]. 营销科学学报,2013(1):118-132.

[101] 吴友富. 关于中国国家形象品牌构建的几点思考[J]. 国际观察,2006(2):15-19.

[102] 吴明证. 内隐态度的理论与实证研究[D]. 华东师范大学,2004.

[103] 吴明隆. 问卷统计分析实务——SPSS操作与应用[M]. 重庆:重庆大学出版社,2010.

[104] 吴明隆. 结构方程模型——AMOS的操作与应用[M]. 重庆:重庆大学出版社,2009.

[105] 吴国华,林升栋,徐蕾. 美国大学生看中国国家形象宣传片——希望寄托在年轻一代身上[J]. 新闻与传播研究,2013(6):57-64.

[106] 吴信训. 世界大众传播新潮[M]. 成都:四川人民出版社,1994.

[107] 吴小坤,吴信训. 国际视野下新媒介研究的沿革与动向[J]. 新闻与传播研究,2011(1):28-39.

[108] 吴世文,石义彬. 我国受众的媒介接触与其中国文化认同——以武汉市为例的经验研究[J]. 新闻与传播研究,2014(1):94-108.

[109] 吴泗宗,邵长斌,杨晶. 决策神经科学视角下负面口碑再传播评估决策机理研究[J]. 当代财经,2014(10):67-76.

[110] 魏宝祥. 影视旅游:旅游目的地营销推广新方式[J]. 旅游学刊:2007(12):32-39.

[111] 魏江,向永胜. 文化嵌入与集群发展的共演机制研究[J]. 自然辩证法研究,2012(3):114-118.

[112] 魏知超,郭秀艳. 态度形成的内隐机制研究述评[J]. 心理科学,2009(1):148-150.

[113] 魏婧,刘业政,邢小云. 在线社会化网络的口碑传播研究[J]. 情报杂志,2011,30(4):34-37.

[114] 文春英,刘小晔. 中国民间网络舆论中的韩国国家形象[J]. 对外传播,2012(8):54-56.

[115] 温芳芳,佐斌. 评价单一态度对象的内隐社会认知测验方法[J]. 心理科学进展,2007,15(5):828-833.

[116] 肖珺. 认同危机:基于国家形象塑造的网络跨文化传播研究[J]. 武汉大学学报(人文科学版),2013(4):114-119.

[117] 星亮. 营销传播理论研究[D]. 暨南大学,2013.

[118] 徐小鸽. 国际新闻传播中的国家形象问题[J]. 新闻与传播研究,1996(6):36-46.

[119] 徐伟青,黄孝俊. 口碑传播的影响力要素及其对营销创新的启示[J]. 外国经济与管理,2004,26(6):26-30.

[120] 许静. 论公共外交中的国家品牌化策略传播[J]. 南京社会科学,2012(6):106-112.

[121] 薛可,余明阳. 国家形象塑造中的媒体角色——以汶川地震报道为文本[J]. 国际新闻界,2008(11):58-64.

[122] 杨伟芬. 渗透与互动——广播电视与国际关系[M]. 北京:北京广播学院出版社,2000.

[123] 杨治良,孙连荣. 内隐社会认知研究发展述评[J]. 心理学探新,2009,29(4):11-14.

[124] 杨旭明. 城市形象研究:路径、理论及其动向[J]. 西南民族大学学报:人文社会科学版,2013(3):159-163.

[125] 杨治良,叶阁蔚. 内隐学习"三高"特征的实验研究[J]. 心理科学,1993,16(3):138-144.

[126] 杨鹏. 厘清"媒介"概念规范学术用语兼及"媒体""新闻媒介"等概念的辨析[J]. 当代传播,2001(2):18-20.

[127] 杨冬云. 国家形象的构成要素与国家软实力[J]. 湘潭大学学报:哲学社会科学版,2008(9):96-101.

[128] 杨杰,等. 熟悉度对旅游形象感知行为影响研究——以重庆市民对上海旅游形象感知为例[J]. 旅游学刊,2009,24(4):56-60.

[129] 姚必鲜,蔡骐. 论新媒介生态下受众、媒体和社会的多维互动[J]. 求索,2011(6):212-213.

[130] 喻国明,等. 试论品牌形象管理"点-线-面"传播模式[J]. 国际新闻界,2010(3):30-40.

[131] 于婷婷. 基于社会化媒体口碑的营销传播策略创新[J]. 新闻大学,2013(3):115-120.

[132] 袁登华,罗嗣明,叶金辉. 内隐品牌态度与外显品牌态度分离研究[J]. 心理科学,2009,32(6):1298-1301.

［133］袁登华,付春江,罗嗣明. 品牌印象形成与改变的双重加工模型检验［J］. 心理学报,2014,46(10):1534-1548.

［134］奈著. 软力量:世界政坛成功之道［M］. 吴晓辉,钱程,译. 上海:东方出版社,2005.

［135］曾率,贺岭峰,高旭辰. 归因引导对社会态度改变的影响［J］. 心理研究,2010,3(2):40-46.

［136］张镇. 双重态度模型的理论建构［J］. 社会心理研究,2002(4):48-53.

［137］张毓强. 国家形象刍议［J］. 现代传播(双月刊),2002(2):27-31.

［138］张法. 国家形象概论［J］. 文艺争鸣,2008(7):23-29.

［139］张宏梅,蔡利平. 国家形象与目的地形象:概念的异同和整合的可能［J］. 旅游学刊,2011,26(9):12-18.

［140］张昆,徐琼. 国家形象刍议［J］. 国际新闻界,2007(2):11-16.

［141］张振亭. 试论我国新闻传播研究方法的演变［J］. 江西社会科学,2009(11):241-245.

［142］张忠民,阳欣哲,张国良. 新闻传播学领域对"媒介"、"媒体"、"传媒"三词使用现状分析［J］. 新闻记者,2010(12):48-52.

［143］张晨阳,张国良,魏一平. 中国大众媒介建构的日本和韩国——基于《人民日报》与《文汇报》关于日韩报道的分析(1996—2010)［J］. 现代传播,2012(1):30-35.

［144］张璐,徐芸. 大学生收看韩剧与文化认同的关系研究［J］. 中国健康心理学杂志,2007(12).

［145］赵鸿燕,王丹. 中韩公共外交互向性传播的比较分析［J］. 对外传播,2014(6):48-50.

［146］赵启正. 由民间外交到公共外交［J］. 外交评论,2009(5).

［147］郑方. 治理与战略的双重嵌入性——基于连锁董事网络的研究［J］. 中国工业经济,2011(9):108-118.

［148］竺培芬. 解读整合营销传播学［J］. 上海交通大学学报:社会科学版,2001(4):61-66.

［149］朱红亮,李振国. 整合营销传播及其管理要义［J］. 河北学刊,2009(2):209-211.

［150］周玉波. 企业的文化营销［J］. 湖南师范大学社会科学学报,2009(2):95-98.

［151］周文萍. 当今好莱坞电影的中国元素解读［J］. 暨南学报:哲学社会科学版,2009(5):18-23.

［152］佐斌,徐同洁. 低地位群体的内/外群体偏好:基于SC-IAT的检验［J］. 心理

研究,2015,8(1):26-30.

[153] AITKEN R, CAMPELO A. The four R´s of place branding[J]. Journal of Marketing Management,2011, 27(9):1-21.

[153] ANHOLT S. Nation branding: A continuing theme[J]. Journal of Brand Management,2002, 10(1):59-60.

[155] BALOGLU S,BRINBERG D. Affective images and tourism destinations[J]. Journal of Travel Research,1997, 35(4):11-15.

[156] BALOGLU S, MCCLERY K W. A model of destination image formation [J]. Annals of Tourism Research,1999,26(4):868-897.

[157] BEERLI A,MARTIN J D. Factors influencing destination image[J]. Annals of Tourism Research,2004,31(3):657-681.

[158] BEETON S. Rural tourism in Australia has the gaze altered? Tracking rural images through film and tourism promotion[J]. International Journal of Tourism Research,2004,6(3):125-135.

[159] BRISTOR,JULIA M. Enhanced explanations of word of mouth communications: the power of relationships[J]. Research in Consumer Behavior, 1990,4(1):51-83.

[160] BRIJS K,BLOEMER J,KASPER H. Country-image discourse model: Unraveling meaning, structure, and function of country images[J]. Journal of Business Research,2011,64(12):1259-1269.

[161] CONNELL J. Toddlers, tourism and tobermory: destination marketing issues and TV-induced tourism[J]. Tourism Management, 2005,26(5): 749-755.

[162] CONNELL J. What the story in Balamory? the impacts of a children´s TV programme on small tourism enterprises on the isle of Mull, Scotland [J]. Journal of Sustainable Tourism,2005,13(3):228-255.

[163] CULL N J. Public diplomacy: taxonomies and histories[J]. Annals of the American Academy of Political and Social Science,Public Diplomacy in a Changing World,2008,616(3):31-54.

[164] DZEVER,SAM,PASCALE Q. Country-of-origin effects on purchasing agents' product perceptions: an australian perspective[J]. Industrial Marketing Management,1999,28(2):165-176.

[165] DELGADO-BALLESTER E,NAVARRO A,SICILIA M. Revitalising brands through communication messages: the role of brand familiarity[J]. European Journal of Marketing,2012,46(1):31-51.

［166］ DIMAGGIO,PAUL. Culture and cognition[J]. Annual review of sociology, 1997, 23(23):263-287.

［167］ DIOKO L D,SO,S I A. Branding destinations versus branding hotels in a gaming destination － examining the nature and significance of co-branding effects in the case study of Macao[J]. International Journal of Hospitality Management,2012,31(2):554-563.

［168］ DUNCAN,THOMAS,EVERETT S E. Client perceptions of integrated marketing communications[J]. Journal of Advertising Research,1993,32(3): 33-39.

［169］ DUNCAN T,MORIARTY,SANDRA E. A communication-based marketing model for managing relationships[J]. Journal of Marketing,1998,62(4): 1-13.

［170］ EAGLE L,KITCHEN,PHILIP J. IMC,brand communications,and corporate cultures,client/advertising agency co-ordination and cohesion[J]. European Journal of Marketing,2000,34(5/6):667-686.

［171］ ELLIOT S,PAPADOPOULOS N,KIM S S. An integrative model of place image:exploring relationships between destination,product,and country images[J]. Journal of Travel Research,2011,50(5):520-534.

［172］ GARTNER W C. Image formation process[J]. Journal of Travel and Tourism Marketing,1993,2(3):191-215.

［173］ GETZ D. Event Management & event tourism[M].New York:Cognizant Communication Corporation,1997:331-352.

［174］ GILES L E,BOSWORTH G,WILLETT J. The role of local perceptions in the marketing of rural areas[J]. Journal of Destination Marketing & Management,2013, 2(1):4-13.

［175］ GOTSI M,LOPEZ C. Building country image through corporate image:exploring the factors that influence the image transfer[J]. Journal of Strategic Marketing,2011,19(3):255-272.

［176］ GOULD,STEPHEN J,LERMAN,el al. Agency perceptions and practices on global IMC[J]. Journal of Advertising Research,1999,39(1):7-20.

［177］ GOULD,STEPHEN J. IMC as theory and as a post structural set of practices and discourses:a continuously evolving paradigm shift[J]. Journal of Advertising Research,2004,44(3):66-67.

［178］ GREENWALD A G., BANAJA M R. Implicit social cognition:attitudes, self-esteem,and stereotypes[J]. Psychological Review, 1995, 102(1):

4-27.

[179] GREENWALD A G,MCGHEE D E,SCHWARTZ J. Measuring individual differences in implicit cognition：the implicit association Test[J]. Journal of Personality and Social Psychology,1998, 74(6)：1464-1480.

[180] HAN C M. Country image：Halo or summary construct?[J]. Journal of Marketing Research,1989, 26(2)：222-229.

[181] HAHM J,UPCHURCH R,WANG Y. Millennial students,movies,and tourism[J]. Tourism Analysis,2008,13(2)：189-204；

[182] HESLOP L A,et al. Who controls the purse strings：a study of consumers' and retail buyers' reactions in an America's FTA environment[J]. Journal of Business Research,2004, 57(10)：1177-1188.

[183] HESLOP L A,et al. Mega-event and Country co-branding：image shifts, transfers and reputational impacts [J]. Corporate Reputation Review, 2013,16(1)：7-33.

[184] JAFFE E D,NEBENZAHL I D. Alternative questionnaire for country image studies[J]. Journal of Marketing Research,1984, 21(4)：463-471.

[185] KAN G,CLIQUET G,GALLO M P. The effect of country image on hypermarket patronage intention：A cross-cultural study in China and Spain [J]. International Journal of Retail & Distribution Management,2014,42 (2)：106-130.

[186] KIM S S,AGRUSA J,LEE H,et al. Segmentation of different types of Hallyu tourists using a multinominal model and its marketing implications [J]. J. Hospitality Tour. Res.,2010,34(3)：341-363.

[187] KIM S S,AGRUSA J,LEE H,et al. Effect of Korean television drama on the flow of Japanese tourists[J]. Tourism Management, 2007, 28(5)： 1340-1353.

[188] KIM H, RICHARDSON S. Motion picture impacts on destination images [J]. Annals of Tourism Research,2003,30(1)：216-237.

[189] KIM I, HAN, DONGSUB, et al.Understanding the diffusion of integrated marketing communication[J]. Journal of Advertising Research,2004, 44 (1)：31-45.

[190] KITCHEN, et al. The emergence of IMC：a theoretical perspective [J]. Journal of Advertising Research,2004,44(1)：19-30.

[191] KITCHEN, PHILIP J,SCHULTZ DON E. Integrated marketing communications in US advertising agencies：an exploratory study[J]. Journal of Ad-

vertising Research,1997,37(5):7-18.

[192] KITCHEN,PHILIP J,SCHULTZ DON E. A multi-country comparison of the drive for IMC[J]. Journal of Advertising Research,1999,39(1):21-38.

[193] KITCHEN,PHILIP J,SCHULTZ Don E. A response to "theoretical concept or management fashion" [J]. Journal of Advertising Research,2000,40(5):17-21.

[194] KLIATCHKO.Revisiting the IMC construct:A revised definition and four pillars[J]. International Journal of Advertising,2008,27(1):133-160.

[195] KELLER K L. Building strong brands in a modern marketing communications environment[J]. Journal of Marketing Communications,2009,15(2):139-155.

[196] KNOTT B,FYALL A,JONES I. The nation branding opportunities provided by a sport mega- event:South Africa and the 2010 FIFA World Cup [J]. Journal of Destination Marketing & Management,2015,4(1):46-56.

[197] KOTLER P,GERTNER D. Country as brand,product,and beyond:A place marketing and brand management perspective[J]. Journal of Brand Management,2002,9(4):249-261.

[198] LAROCHE,et al. The influence of country image structure on consumer evaluations of foreign products[J]. Internaional Marketing Review,2005,22(1):96-115.

[199] LEE R,LOCKSHIN L.Reverse country-of-origin effects of product perceptions on destination image[J]. Journal of Travel Research,2012,51(4):502-511.

[200] LEE A L. Did the Olympics help the nation branding of China? Comparing public perception of China with the Olympics before and after the 2008 Beijing Olympics in Hong Kong[J]. Place Branding and Public Diplomacy,2010,6(3):207-227.

[201] LEVY S J. Symbols for sale[J]. Harvard Business Review,1959,37:117-24.

[202] LOPEZ C,GOTSI M,ANDRIOPOULOS C. Conceptualising the influence of corporate image on country image[J]. European Journal of Marketing,2011,45(11):191-210.

[203] LYNCH,JOHN G,SRULL,et al. Memory and attentional factors in consumer choice:concepts and research methods[J]. Journal of Consumer

Research,1982,9(6):18-36.

[204] MARTIN I M, EROGLU S. Measuring a multi-dimensional construct: Country image[J]. Journal of Business Research,1993,28(3):191-210.

[205] MOSSBERG L, KLEPPE I A. Country and destination image: fifferent or similar image concepts?[J]. Service Industries Journal, 2005, 25 (4): 493-503.

[206] NAGASHIMA A. A comparison of Japanese and US attitudes toward foreign products[J]. Journal of Marketing,1970,34(1):68-74.

[207] NANCY S. International exchanges and the U.S. image[J]. Annals of the American Academy of Political and Social Science, Public Diplomacy in a Changing World,2008,616(3):198-222.

[208] NYE, JOSEPH. Public diplomacy and soft power[J]. Annals of the American Academy of Political and Social Science, Public Diplomacy in a Changing World,2008,616(3):94-109.

[209] NADEAU J, HESLOP L, REILLY N. Destination in a country image context [J]. Annals of Tourism Research,2008,35(1):84-106.

[210] O´SHAUGHESSY J, O´SHAUGHNESSY N J. Treating the nation as a brand: Some neglected issues[J]. Journal of Macromarketing, 2000, 20 (1):56-64.

[211] PORCU L, BARRIO-GARCIA D S, KITCHEN J P. How integrated marketing communications(IMC)works? A theoretical review and an analysis of its main drivers and effects[J]. Comunication Y Sociedad,2012,25(1): 313-348.

[212] PARAMESWARAN R., PISHARODI R M. Facets of country of origin image: An empirical assessment[J]. Journal of Advertising, 1994, 23(1): 43-56.

[213] PHELPS, JOSEPH F, JOHNSON, et al. Entering the quagmire, examining the "meaning" of integrated marketing communications [J]. Journal of Marketing Communications,1996,2(3):159-172.

[214] REBAR L A, RAM N, CONROY E D. Using the EZ-diffusion model to score a single-category implicit association test of physical activity [J]. Psychology of Sport and Exercise,2015,16(9):96-105.

[215] REID M. Performance auditing of integrated communication(IMC)actions and outcomes[J]. Journal of Advertising,2005,34(4):41-54.

[216] REID M, LUXTON S, MAVONDO. The relationship between Integrated

Marketing Communication, Market Orientation and Brand Orientation [J]. Journal of Advertising,2005,34(4):11-23.

[217] RILEY R W,VAN DOREN C S. Movies as tourism promotion:A "pull" factor in a "push" location[J]. Tourism Management,1992,13(3):267-274.

[218] ROTH K P, DIAMANTOPOULOS A. Advancing the country image construct[J]. Journal of Business Research,2009,62(7):726-740.

[219] ROTH,MARTIN S,JEAN B,et al. Matching product category and country image perceptions:a framework for managing country-of-origin effect [J]. Journal of International Business Studies,1992,23(3):477-497.

[220] SUNG S Y. Constructing a new image. Hallyu in Taiwan[J]. Eur. J. East Asian Stud.,2010,9(1):24-45.

[221] SCHULTZ DON E., PHILIP J K. Integrated marketing communications in US advertising agencies:an exploratory study[J]. Journal of Advertising Research,1997, 37(5):7-18.

[222] SMITH D D. Mass communications and international image change [J]. Journal of Conflict Resolution,1973, 17(1):115-129.

[223] SYED N A. The effect of Beijing 2008 on China's image in the United States:A study of media and polls [J]. The International Journal of the History of Sport,2010, 27(16-18):2863-2892.

[224] SWANSON S R,HUANG Y,WANG B. Hospitality-based critical incidents:across-cultural comparison [J]. International Journal of Contemporary Hospitality Management,2014,26(1):50-68.

[225] WANG X, SHOEMAKER P. What shapes Americans'opinion of China? Country characteristic,public relations and mass media[J]. Chinese Journal of Communication,2011,4(1):1-20.

[226] WILSON T D, LINDSEY S, SCHOOLER T Y. A model of dual attitudes [J]. Psychological Review,2000,107(1):101-126.

[227] ZEUGNER-ROTH K P., ŽABKAR V. Bridging the gap between country and destination image:Assessing common facets and their predictive validity[J]. Journal of Business Research,2015,68(9):1844-1853.

索引

后记

　　国家形象是人们对特定国家所持有的印象总和。如同产品的品牌名称，国家形象包含着与该国相关的丰富联想，蕴含大量事实和情感信息，而且也成为一国宝贵的无形资产。相对于产品的品牌形象，国家形象的形成更为复杂，是在多元主体空间中进行持续的互动式型构、补充、播撒以及混融，可来源于它的地理、历史、传媒、艺术以及著名人物等，不一而足。因此，如何有效理解、把握乃至构建目标受众的国家形象感知，提升一国形象的品牌资产，就成为一个值得我们深入探索的重要论题。正是在这一思考的指引下，我完成了自己攻读东北财经大学管理学博士学位的毕业论文，也有幸收获多位学者的智慧提点和真知灼见。在接下来的几个月时间里，本书在此基础上进一步完善丰富而成。

　　在营销学视角的国家形象研究中，态度理论是重要的理论基础。全书应用双重态度模型，在国家形象二重性实证研究前提下展开，探索目标公众国家形象感知的营销传播机理。研究结论为国家形象多重框架体系的构建提供较为有力的理论支撑和具有一定针对性的实践指导。然而，欣喜之余也深感其中的不足。未来的研究中，还将着重关注目标受众的文化嵌入背景进而展开跨文化比较，以及增加多元化样本，并结合样本个体因素继续拓展国家形象感知模型，对国家形象的整合营销传播机理进行更完整的呈现和探讨。

期待随着国家形象研究的日益丰富和深入，可以更加有效地提升中国形象的积极影响，向世界描绘瑰丽多彩的"中国梦"，让世界倾听来自中国的声音。

刘丽英

2016 年 2 月